이신칭의

우리에게 거저 주신 하나님과 구주 예수 그리스도!

# 이신칭의

- 초판 1쇄 발행 2013년 7월 25일
- 지은이  아더 핑크
- 옮긴이  임원주
- 펴낸이  조유선
- 펴낸곳  누가출판사
- 등록번호  제315-2013-000030호
- 등록일자  2013. 5. 7.
- 주소  서울시 강서구 염창동 282-19 현대아이파크 상가 B 102호
- 전화  02-826-8802  팩스 02-826-8803
- 정가  9,000원
- ISBN  979-11-950635-0-5

∗파본은 교환해 드립니다.
∗이 출판물은 저작권법에 의해 보호를 받는
 저작물이므로 무단 복제할 수 없습니다.
∗독자의 의견을 기다립니다.
∗sunvision1@hanmail.net

◆ 우리에게 거저 주신 하나님과 구주 예수 그리스도! ◆

# 이신칭의

아더 핑크 지음 | 임원주 옮김

출판사 누가

◆ 차례 ◆

서론 ·········································· 5
1. 칭의의 의미 ························· 19
2. 칭의의 난제 ························· 37
3. 칭의의 기초 ························· 53
4. 칭의의 본성 ························· 69
5. 칭의의 원천 ························· 87
6. 칭의의 대상 ······················· 103
7. 칭의의 도구 ······················· 121
8. 칭의의 증거 ······················· 141
9. 칭의의 결과 ······················· 159

◆ 서론 ◆

애초에 구상할 때는 본 장을, 다양한 부류의 사람들이 본서의 주제에 관해 품어온 원리적 오류를 드러내는 데 할애할 생각이었다. 그러나 좀 더 세심하게 검토한 끝에 그것은 본서의 대부분의 독자들에게 전혀 혹은 거의 유익을 주지 않을 것이라고 판단하였다. 하나님의 백성들을 기망하고 상처를 입히도록 고안된 그런 것의 정체를 드러내는 일이 하나님의 종들의 마뜩잖은 의무인 때가 틀림없이 존재한다. 하지만 대체로, 어둠을 제거하는 가장 효과적인 방식은 빛을 비추는 것이다. 그렇다. 우리는 경건한 신학자 존 오웬(John Owen, 1616-83)의 정신으로 이 글을 써내려가기를 소원한다. 오웬은 이 주제에 관한 두툼한 논저의 서문에서 다음과 같이 말했다.

"열 사람의 시비꾼을 박하는 것보다 한 신자가 하나님의 평화를 누리고 하나님께 받아들여지는 기초에 대해 실제로 발휘되는 지성과 양심을 지속적으로 인도하는 것에 더 큰 비중을 두어야 한다……진리를 선포하고 입증하여 진리를 신실하게 사랑하는 그런 것을 가르치고 훈육하는 것, 이 특수한 경우에 어떤 사람들이 복음의 신비 전체에 덧입히려고 애쓰는 그런 어려움들을 머리에서 떨쳐내도록 하는 것, 하나님과의 지속적인 평화를 추구하는 자들의 양심을 인도하는 것, 믿는 자들의 생각을 확립해주는 것, 그런 것들이 내가 목표로 삼은 것이다."

얼마 전만해도 이신칭의(以信稱義)라는 축복된 진리는 기독교 신앙의 가장 유명한 교리였다. 설교자들은 이 교리를 정규적으로 강설하였고 신자들은 이 교리의 주된 측면을 익숙하게 알았다. 그러나 이 보배로운 교리에 거의 전적으로 무지한 세대가 등장하였다. 극히 드문 예외적인 경우를 제외하고는 강단에서 사라졌다. 오늘날 종교문헌에서도 거의 다루지 않는다. 결과적으로 "칭의"라는 용어가 함축하는 것을 이해하는 사람들이 상당히 적어졌다. 하물며 하나님께서 경건치 않은 자들을 의롭다 하시는 근거에 관해서도 말할 나위 없이 아둔해졌다. 이 때문에 본인은 상당히 불리한 입장에서 저술한다. 이처럼 중차대한 주제를 피상적으로 훑기를 피하고 깊숙이 파고들어 상세히 다루고 싶지만 평균적인 사람의 정신과 인내에 큰 부담을 주게 될 것이다. 그럼에도 불구하고 본인은 신자 개개인은 정신을 바짝 차리는 실질적인 노력을 기울이고 본서의 모든 장을 기도와 함께 정통하려고 노력하기를 삼가 촉구하는 바이다.

본인을 더욱 열심히 따라잡아 본서를 돌파하도록 만드는 것은, 지금 본인은 진리의 실천적 측면이라기보다는 교리적 측면을, 경험적 측면이라기보다는 법리적 측면을 다루고 있다는 사실이다. 칭의교리는 결코 실천 불가능한 교리가 아니다. 결코, 결코, 그렇지 않다.

> 모든 성경은 하나님의 감동으로 된 것으로 교훈과 책망과 바르게 함과 의로 교육하기에 유익하니 _딤후 3:16

　교리적 가르침은 사도들이 행보를 규율하는 교훈을 도출하는 기초였다. 로마서는 6장이 되어서야 훈계가 나온다. 첫 다섯 장을 전적으로 교리해설에 집중한다. 에베소서의 경우에도 4장 1절이 되어서야 첫 번째 훈계를 내놓는다. 먼저, 성도들에게 넘치도록 풍성한 하나님의 은혜를 상기시킨다. 그리스도의 사랑으로 속박하기 위함이다. 그 다음에 그들을 부르신 소명에 합당한 삶을 살라고 촉구한다.
　참으로, 이신칭의 교리를 적절하게 파악하는데 본질적으로 필요한, 보다 섬세한 특성들을 지성적으로 파악하기 위해서는 (기도하는 마음 못지않게) 정신적인 노력이 실질적으로 요구된다. 그럼에도 "믿음으로 의롭다 하심을 얻는다"는 진리는 단지 추상적일뿐인 사색거리가 아니다. 그렇다. 하나님께서 계시하신 사실에 대한 진술이다. 모든 사람이 깊은 관심을 기울여야 하는 사실에 관한 진술이다. 모든 사람이 하나님의 은총을 박탈당했고, 우리 각자는 반드시 회복되어 하나님의 은총을 받아야 한다. 만일 우리가 회복되지 않는다면 우리의 전적 파멸과 절망적인 멸망이라는 결말을 도저히 피하지 못한다. 정말 타락한 피조물들, 죄악 된 반역도들, 파멸된 죄인들이 하나님의 은총으로 회복되고 거룩한 천사들이 차지한 지위보다 형언할 수 없이 우월한 지위를 하나님 앞에서 제공받는다는 이 주제는 본서의 주제와 더불어 우리의 관심을 끌어들일 것이다.

아브라함 부스(Abraham Booth)는 1768년에 저술한 탁월한 저서 『은혜의 통치』(The Reign of Grace)에서 다음과 같이 말했다.

"단지 사색적일 뿐인 주제가 결코 아니다. 신학 전반에 영향을 미친다. 기독교인의 체험 전체를 관통한다. 실천적 경건의 모든 부분에서 작동한다. 그 엄청난 중요성으로 인해 이 주제에 관련한 실수는 악독한 효력을 미치고 위험한 결과가 줄줄이 나타난다. 이것은 칭의 교리는 다름 아닌 하나님께서 죄인을 받아들이시는 방법이라는 사실을 고찰해보면 지극히 당연한 것이다. 칭의 교리는 각별한 중요성을 가지고 있다. 다른 많은 복음적 진리들과 불가분리적으로 연결되어 있기 때문이다. 그래서 칭의 교리를 잘못 이해하면 많은 복음적 진리들의 조화와 아름다움을 보지 못한다. 칭의 교리가 영광스럽게 등장할 때까지는 그런 복음적 진리들은 어둠에 덮여 있을 것이다. 만일 어떤 것을 "근본적인 교리"라고 부를 수 있다면 칭의 교리가 근본적인 교리이고, 우리의 가장 진지한 심사숙고를 요구하는 교리라는 것은 분명한 사실이다."

칭의 교리의 엄청난 중요성을 네덜란드의 개혁주의 신학자 헤르만 윗시우스(Herman Witsius, 1636-1708)가 다음과 같은 말로 탁월하게 표현하였다.

▬   "칭의 교리는 하나님의 영광을 나타내는 경향이 크다. 하나님의 지극히 탁월한 완전성이 칭의 교리에서 현격한 광채로 빛을 비춘다. 칭의 교리는 하나님의 무한한 선하심을 나타낸다. 하나님은 무한한 선이라는 속성에 의해 멸망에 처한 비참한 인간을 위해 값없이 베풀 구원을 획득할 마음을 품으셨다. '그의 은혜의 영광을 찬미하게' 하기 위함이다(엡 1:6). 칭의 교리는 하나님의 가장 엄격한 정의를 나타낸다. 정의라는 자신의 속성에 의해 하나님은 중보자의 충분한 개입 혹은 완전한 속죄라는 조건에 입각하지 않는다면 가장 사소한 범법조차도 용서하지 않으실 것이다. '자기도 의로우시며 또한 예수 믿는 자를 의롭다' 하기 위함이다(롬 3:26). 게다가 칭의 교리는 하나님의 측량할 수 없는 지혜를 나타낸다. 이 속성은 죄인에게 사형을 구형한 하나님의 가장 엄격한 정의와 무오한 진실성을 손상하지 않은 채 가장 은혜로운 자비를 실행할 방안을 찾아냈다. 즉, 정의는 죄를 지은 영혼이 반드시 죽어야 한다고 요구하였다(롬 1:32). 진실성은 하나님을 순종하지 않는 것에 대해 저주를 선언하였다(신 28:15-68). 반면에 하나님의 선하심은 어떤 죄인들에게 생명을 주도록 판결하기를 원하였다. 그러나 지극히 거룩한 하나님의 위엄에 합당한 방법을 찾아야 했다. 여기에서

지혜가 개입하여 "나 곧 나는 나를 위하여 네 허물을 도말하는 자니 네 죄를 기억지 아니하리라"라고 말한다(사 43:25). 하나님의 정의와 진실성은 중보자가 완전하게 만족시켜줄 것이기 때문에 불평거리가 전혀 없게 될 것이다. 그러므로 주 예수께서 비록 만유의 주이심에도 불구하고 율법에 복속하여 저주를 받을 정도로 순종하신 그 믿겨지지 않을 만큼 놀라운 사람 사랑이 찬란히 빛난다. '우리로 하여금 저의 안에서 하나님의 의가 되게 하려 하심'이다"(고후 5:21).

이러한 사실들을 깊고 경건하게 묵상하는 신실한 영혼은 의롭다 하시는 하나님을 찬양하지 않을 수 없고, 교회와 함께 "주와 같은 신이 어디 있으리이까 주께서는 죄악을 사유하시며 그 기업의 남은 자의 허물을 넘기시며 인애를 기뻐하심으로 노를 항상 품지 아니하시나이다"라고 노래한다(미 7:18).

오! 택자들의 죄악을 처벌하지 않고 넘어가기 보다는 차라리 하나님의 독생자 안에서 처벌하기로 선택하신 저 순결한 거룩이여! 오! 세상을 향한 하나님의 무궁한 사랑이여! 죄인들을 살리기 위해 하나님의 가장 사랑하는 독자를 아끼지 않은 사랑이여! 지극히 공평무사한 재판관의 명예를 조금도 손상하지 않은 채 죄책을 짊어진 회개자에게 자비를 베푸는 하나님의 측량할 수 없이 깊고 풍성한 지혜여! 오! 그리스도 안에 있는 사랑의 보고여! 그 사랑으로 인해 그리스도 자신이 우리를 대신하여 저주를 받아 우리를 저주로부터 구원하셨도다! 의롭다 하심을 받은 영혼은 이 사랑을 충만한 환희와 함께 기꺼이 받아들여 새로운 노래를 즉, 의롭다 하시는 하나님께 사랑의 응답송을 부르는 것은 정말로 합당한 일이다.

사도 바울은 성령의 인도를 받아 이 교리를 대단히 중시하였다. 그래서 자신의 첫 번째 서신에서 이 교리를 충분히 해설하는 데 심혈을 기울였다. 로마서 전체 내용의 결정적 중심축은 "하나님의 의"라는 고귀한 표현이다. 성경 전체에서 "하나님의 의"보다 더 중요한 표현은 없다. 따라서 모든 신자는 "하나님의 의"를 명확하게 이해하도록 최대한의 노력을 기울여야 마땅하다. "하나님의 의"는 그리스도께서 하나님의 법을 충족시킨 것을 가리키는 추상적인 표현이며 죄인이 하나님 앞으로 받아들여지는 것의 내용적 원인을 가리키는 서술적인 명칭이다. "하나님의 의"라는 표현은 하나님의 재판정에 의해 승인된 중보자의 최종사역을 가리키며, 지극히 높으신 보좌 앞에서 우리를 받아들인 공로적 원인이다.

이후의 여러 장을 통해, 중보자가 자기에게 주어진 백성을 위해 그리고 대신하여 하나님의 정의를 완전하게 만족시킨 것을 함축하는 "하나님의 의"라는 이 중차대한 표현을 더욱 상세히 검토하겠다. 지금 믿음을 가진 죄인에게 의롭다 하심을 얻어주는 "의"를 "하나님의 의"라고 부른다는 사실을 지적하는 것만으로도 충분하다(롬 1:17, 3:21). 왜냐하면 하나님께서 정하시고 승인하시고 전가해주시기 때문이다. "하나님의 의"를, "하나님과 구주 예수 그리스도의 의"라고도 부른다(벧후 1:1). 왜냐하면 그리스도께서 그 의를 만들어내고 하나님께 드리기 때문이다. "믿음의 의"라고도 부른다(롬 4:13). 왜냐하면 믿음이 그 의를 붙잡고 받아들이기 때문이며 "사람의 의"라고도 부른다(욥 33:26). 왜냐하면 그 의는 사람을 위하여 지불되고 사람에게 전가되기 때문이다. 이 모든 다양한 표현은 구세주께서 자기 백성을 위하여 실행한, 단번에 죽음에까지 이른 완전한 순종이 가진 많은 측면을 가리킨다.

그렇다. 사도 바울은 성령의 인도를 받아 칭의 교리를 생명에 관련된 중요한 것으로 파악하여, 유대인들이 이 교리를 부정하고 왜곡한 것이 어떻게 해서 하나님께서 유대인들을 거부하신 일차적인 근거가 되었는지를 길게 논증한다. 로마서 9장을 마무리 짓는 부분과 10장의 첫 부분을 살펴보라.

갈라디아서 전체에 걸쳐 바울은 칭의라는 기본적인 진리를 공격한 자들에게 끈질기게 맞서고 열정적으로 논박한다. 바울은 칭의 교리에 거슬리는 교리를 사람의 영혼을 치명적으로 파괴하는 것이며, 그리스도의 십자가를 왜곡시키는 것이며, 심지어 "다른 복음"이라고 말하면서 "그러나 우리나 혹 하늘로부터 온 천사라도……다른 복음을 전하면 저주를 받을지어다"라고 선언한다(갈 1:8). 오호라! 우리 시대의 방탕한 자유와 거짓된 "사랑"의 영향 탓에, 신자에게 전가되는 그리스도의 대속적 순종을 거부하는 설교에 대한 거룩한 혐오가 거의 사라졌다. 하나님의 영향을 받아, 이 위대한 진리를 설교할 때 사도시대 이후에 그리스도의 대의가 향유한 가장 위대한 부흥이 일어났다. 이 점에 대해 윌리엄 커닝햄(William Cunningham, 1805-1861)[1]은 다음과 같이 말했다.

> "칭의는 종교개혁의 위대하며 근본적이며 특징적인 교리였다. 모든 개혁자들은 칭의교리를 일차적이며 최상의 중요성을 지닌 교리로 간주하였다. 개혁가들이 로마교에 대해 제기한 주된 혐의는 이 주제에 대한 성경적 가르침을 인간의 영혼을 위태롭게 만드는 방식으로 부패시키고 왜곡시켰다는 것이었다. 개혁가들은 주로, 이 주제에 관한 하나님 말씀의 참된 가르침을 해설하고 집행하고 적용함으로써 교황주의 체계의 주요 교리들과 행습을 공격하고 뒤엎었다. 내재적 중요성을 이 교리보다 더 많이 갖춘 교리는 없다. 개혁가들이 자신들의 생각을 이 교리보다 더 철저히 조화시킨 교리도 없다"(윌리엄 커닝햄).

이 복된 교리는, 영혼은 낙심하고 양심은 죄책감에 억눌려 있으면서 자신이 하나님께 받아들여지고 하늘의 유업을 차지할 자격을 획득할 방도를 알기를 갈망하는 자에게 활력을 불어넣는 저 위대하고 신성한 강장제를 공급해준다. 자신이 평생토록 하나님

---

1. 윌리엄 커닝햄은 엄격한 칼빈주의자로서 19세기 스코틀랜드 자유교회(Free Church of Scotland)의 영향력 있는 지도자였다. 1843년에 에딘버러의 뉴 칼리지(New College)의 교회사 교수가 되었고 1847년부터는 차머스(Chalmers)의 뒤를 이어 1861년에 죽을 때까지 뉴 칼리지의 학장으로 섬겼다. 사후에 출판된 "Historical Theology"와 여러 논술은 엄격한 칼빈주의를 옹호하는 탁월성으로 이름이 높다.

을 거역하였으며 거룩한 율법을 지속적으로 범하였음을 깊이 자각하고, 자신이 정당하게 하나님의 정죄와 분노 아래에 있다는 것을 깨닫는 자에게, 자신을 하나님의 은총으로 회복해주고 죄를 용서해주고 하나님 앞에 수치를 당하지 않을 적절한 자격을 갖춰주는 수단에 관련한 것만큼, 그런 깊은 이해관계와 절박한 중요성을 가진 문제는 없다. 이 중차대한 문제를 만족스럽게 해소할 때까지는 종교에 관한 다른 어떤 지식도 단지 무익할 뿐이다.

▩ "하나님의 존재 증명은 사람이 이미 믿고 있는 장엄한 진리 즉, 의로운 심판자가 존재하며 자신은 반드시 그 앞에 서야 하고 그 심판자는 자신의 최종적 운명을 확정 선고할 것이라는 진리를 그 뇌에 확증해주고 더욱 깊게 각인해주는 데에 기여할 뿐이다. 사람에게 도덕률을 해설해주고 그 법에 순종할 책무를 가르치는 것은 검사의 역할이다. 검사는 재판정에 선 범죄자에게 제기된 혐의에 확실한 근거가 있고 따라서 처벌받아 마땅함을 입증하기 위해 법령을 인용하는 행위를 한다. 영혼의 불멸성을 입증하는 당신의 논증이 강력할수록, 당신은 영혼이 당할 처벌은 일시적이지 않다는 사실을 그만큼 더 명확하게 증명하는 셈이다. 즉, 그가 마땅히 응분의 대가를 치러야 할 또 다른 존재상태가 있다고 그만큼 더 명확하게 증명하는 셈이다"(J. Dick).

하나님 자신이 영혼에게 살아 있는 실체로 다가오면 즉, 하나님의 장엄한 위엄, 형언할 수 없는 거룩, 주권적 권위를 비록 지극히 부적절하게라도 실제로 지각하게 되면, 하나님의 권리주장에 대한 무관심은 진지한 관심으로 바뀌게 된다. 하나님에 대한 우리의 심대한 패역, 우리 본성의 부패, 죄의 권세와 악독함, 율법의 영성과 엄격함, 하나님을 대적하는 무리들을 기다리고 있는 영원한 불 못을 적절하게 감지하게 되면 영혼은 깨어나 울부짖는다.

내가 무엇을 가지고 여호와 앞에 나아가며 높으신 하나님께 경배할까 내가 번제물 일 년 된 송아지를 가지고 그 앞에 나아갈까 여호와께서 천천의 수양이나 만만의 강수 같은 기름을 기뻐하실까 내 허물을 위하여 내 맏아들을, 내 영혼의 죄를 인하여 내 몸의 열매를 드릴까 _미 6:6, 7

그런즉 하나님 앞에서 사람이 어찌 의롭다 하며 부녀에게서 난 자가 어찌 깨끗하다 하랴 _욥 25:4

이제 우리가 다룰 "칭의"라는 축복된 교리를 통해 우리는 죄인이 자신의 조물주와 평강을 누리고 영원한 생명을 향유하게 해 줄 방도를 배운다. 다시 말하자면, 칭의 교리는 하나님께서 세워 두신 척도에 대한 무수한 실패와 내면적 부패로 매일 신음하는 양심적인 신자에게는 헤아릴 수 없는 가치가 있다. "우리 형제들을 참소하던 자"(계 12:10)인 사탄은 신자에게 하나님 앞에서 위선을 범한다는 혐의를 빈번하게 제기하고 그 양심을 어지럽히고 신자의 믿음과 경건은 허울에 불과하다는 생각을 갖게 하려고 애쓴다. 그러나 하나님께 감사하라. "어린양의 피"로 인해(계 12:11) 사탄을 이기게 하신다. 즉, 치유할 수 없이 부패한 자아로부터 시선을 돌려, 신자가 매일 겪는 실패를 충분히 벌충하셨고 모든 죄악을 완벽하게 속죄하셨고 "영원한 의"(단 9:24)를 가져다가 하늘의 최고법정에서 신자의 몫으로 돌린 보증인을 바라봄으로써 이기게 하신다. 따라서 신자는 자신의 약함에 짓눌려 신음할지라도 모든 두려움을 이기는 승리의 확신을 소유할 수 있다.

따라서 칭의 교리는 사도 바울의 심령에 평화와 희락을 가져다주었다. 그래서 바울은 "오호라 나는 곤고한 사람이로다 이 사망의 몸에서 누가 나를 건져 내랴"(롬 7:24)라고 울부짖으면서도 그 즉시 "그러므로 이제 그리스도 예수 안에 있는 자에게는 결코 정죄함이 없나니"(롬 8:1)라고 선언하였다. 그리고 여기에 "누가 능히 하나님의 택하신 자들을 송사하리요 의롭다 하신 이는 하나님이시니 누가 정죄하리요 죽으실 뿐 아니라 다시 살아나신 이는 그리스도 예수시니 그는 하나님 우편에 계신 자요 우리를 위하여 간구하시는 자시니라 누가 우리를 그리스도의 사랑에서 끊으리요"라는 말을 덧붙인다(롬 33~35절).

모든 은혜의 하나님께서 이 펜을 붙잡아 인도해주시고 독자들에게 이 책을 통해 복을 주시어, 의심의 성채 즉, 지하감옥에 갇혀 있는 적지 않은 영혼을 믿음의 충만한 확신의 영광된 빛과 자유를 누리게 해주시기를 바란다.

### 1

# 칭의의 의미

Justification by Faith

하나님의 구원하심에 있어서 하나님의 율법이 내린 정죄 선고로부터 구원받는 것은 근본적인 축복이다. 우리가 계속해서 저주 상태에 머물러 있는 한 우리는 거룩할 수도 행복할 수도 없다. 그 구원의 엄밀한 성격, 정확한 구성요소, 그 구원을 획득하는 근거, 확보 수단에 관해 많은 혼란이 횡행한다. 이 주제에 관한 오류의 대부분은 그 실체를 명확하게 파악하지 못한 데서 야기되었다. 칭의가 무엇인지를 실제로 이해하게 된 뒤에야, 칭의에 관한 어떤 것도 긍정하든 부정하든 할 수 있다. 그러므로 "칭의"라는 이 단어를 주의 깊게 정의하고 설명하고, "칭의"가 무엇을 가리키는지 그리고 무엇을 가리키지 않는지를 밝히려고 노력하는데 하나의 장 전체를 할애할 필요가 있다.

"의롭다 하다"라는 용어의 의미에 관해서 개신교 신자와 로마교도 사이에는 폭넓은 견해차이가 존재한다.[2] 로마교도들은 "의롭게 하다"라는 것은 "본래적으로 의롭고 거룩한 상태를 만든다"라는 것이라고 주장한다. 우리는 "의롭게 하다"라는 말은 단지 "정의롭다고 형식적으로 선언한다" 혹은 "의롭다고 법률적으로 선고한다"라는 것에 불과하다고 주장한다. 교황주의는 "의화"(義化)로 이해하여 사람의 도덕적 본성의 혁신 혹은 부패로부터의 구원을 포함시키므로 칭의를 중생 및 성화와 뒤섞는다. 반면에 대표적인 모든 개신교도들은 "칭의"(稱義)로 이해하여 도덕적 성품의 변화가 아니라 법률적 지위의 변화에 결부 지었다. 그렇다. "의롭게 하다"라는 것이 필연적으로 성품의 근본적 변화를 수반한다는 사실을 인정하지만 개념적으로 그렇게 구분 지었다. 죄책과 정죄의 상태로부터 용서와 수납의 상태로의 법률적 (지위) 변화를 가리킨다. 그리고 이 변화의 유일한 원인은, 하나님의 백성에게 전가되는 (즉, 백성들의 소유가 전혀 아닌) 그리스도의 의에 입각한, 하나님의 값없는 행위이다.

▬▬▬ "우리는 칭의(稱義)를 하나님께서 우리를 은총 안으로 받

---

[2] 양자는 "justify" 혹은 "justification"이라는 용어를 사용한다. 이 문제의 어려움은 상반된 입장을 가진 교파 및 학자들이 똑같이 "justification"이라는 용어를 사용하되 그 내포하는 의미는 각자의 입장에 따라 "의화"(義化, becoming righteous 혹은 real change) 혹은, 의인(義認) 혹은 "칭의"(稱義, recounted as righteous)로 달라진다는 데서 발생한다. 심지어 같은 사람이 문맥에 따라 "justify"를 "의롭게 하다"와 "의롭다 하다"를 혼용해서 사용하는 경우도 있다. 개혁주의자들만이 거의 일관되게 "칭의"의 의미로 사용한다.

아들여주시고 우리를 의로운 존재라고 여겨주시는 수납이라고만 설명한다. 칭의는 죄용서와 그리스도의 의의 전가에 있다……그러므로 칭의는 고소당한 자의 죄책을 벗겨주어 마치 그의 무죄성이 입증된 것 마냥 여겨주는 것에 다름 아니다. 그러므로 하나님은 그리스도의 중보사역을 통해 우리를 의롭다 하신다. 그래서 하나님은 우리의 인격적인 무죄성을 인정하심으로써가 아니라 의의 전가에 의해 우리의 죄를 용서하신다. 그래서 우리 자체로는 불의한 우리를 그리스도 안에서 의롭다고 간주하신다"(존 칼빈, 기독교강요, 제3권 11장 1절, 3절, 1559).

■ "칭의란 무엇인가? 칭의란 하나님께서 죄인들에게 값없이 은혜를 베푸시는 행위를 가리킨다. 칭의를 통해 하나님은 죄인들의 모든 죄악을 용서하시고 받아두시고 그들을 의로운 자들로 간주하시는 것이다. 하나님께서 이렇게 하시는 것은 죄인들 속에 이뤄진 혹은 죄인들이 행한 어떤 것 때문이 아니다. 하나님께서 죄인들에게 전가하시고 죄인들이 오직 믿음으로 받아들인, 그리스도의 완전한 순종과 충분한 속죄, 오직 그것 때문이다"(웨스트민스터 대교리문답, 제 70문답, 1647).

■ "이처럼 우리는 복음을 죄인의 칭의로 정의한다. 칭의는 하나님의 사법적인 그러나 은혜로운 행위이다. 이로써 택자들 즉, 믿는 죄인은 믿음에 의해 받아들인 그리스도의 순종을 근거로 하

여 죄책을 사함 받고 영생에 들어갈 권리를 부여받는다"(윗시우스, 1693).

■ "사람은 죄책과 그 마땅히 받아야할 형벌로부터 벗어났다고, 그리고 생명을 상으로 받을 자격을 가진 자에게 속하는 의로움을 가지고 있다고 하나님으로부터 인정받을 때 의롭다 함을 받는다고 한다"(조나단 에드워즈, 1750).

그렇다면 칭의는 사람의 성향 속에서 만들어지는 어떤 주관적인 변화를 가리키는 것이 아니라 단지 율법에 관련한 입장에 있어서의 객관적인 변화일 뿐이다. "의롭다 한다"라는 용어가 어떤 사람을 본래적으로 의로운 혹은 선한 존재로 만드는 것을 가리키도록 해서는 안 된다는 것은, 이 용어의 성경적 용례 그 자체로부터 매우 명확하게 나타난다. 예를 들면, 잠언 17장 15절은 "악인을 의롭다 하며 의인을 악하다 하는 이 두 자는 다 여호와의 미워하심을 입느니라"라고 진술한다. 이 구절을 객관적으로 살펴보자. "사악한" 사람을 의로운 자로 만들자는 결코 여호와께 가증스러운 존재가 아니다. 그러나 사악한 사람을 고의로 의로운 사람이라고 선언하는 자는 여호와께 미움을 받는다. 다시, 누가복음 7장 29절을 보자. "모든 백성과 세리들은……요한의……말씀을 듣고 하나님을 의롭다 하되"라는 진술에서 "하나님을 의롭다 하였다"라는 말씀이 하나님의 성품에서 발생한 어떤 도덕적 변형을 가리킨다는 것은 정말 불가능하다. 다만 그 표현을 그들이 하나님은 의로우신 분이라고 선언하였다는 말로 이해하면 애매모호함이 전적으로 제거된다. 한 곳을 더 보자. 디모데전서 3장 16절은 육신으로 나타난 성자가 성령으로 (혹은 "의해서") "의롭다 하심을 입었다"라고 말한다. 즉, 그리스도는 부활하였을 때 자신의 진실성을 공개적으로 확증 받았고, 유대인들이 제기하였던 모든 신성모독적 혐의를 벗었다는 뜻이다.

칭의는 오직 구원의 법률적 측면만 관계한다. 칭의는 법률적 용어, 법정용어이다. 재판을 받기 위해 재판장 앞에 끌려나온 사람에게 재판장이 내리는 선고이다. 칭의는 하늘의 최고법정 재판장이신 하나님의 은혜의 행위이며 이 행위에 의해 하나님은 택자 즉, 믿는 죄인에게 율법의 형벌로부터 해방되었고 하나님의 은총에 이르도록 충분히 회복되었다고 선언하신다. 칭의는 피고 측이 율법에 충분히 합치한다는 하나님의 선언이다. 정의가 충족되었기 때문에 피고를 무죄 방면해준다. 따라서 칭의는 법률적인 지위변화이다. 즉, 하나님 앞에서 죄책을 짊어지고 따라서 율법의 정죄 선언을 받고 영원토록 하나님의 임재로부터 추방될 수밖에 없는 자가 하나님의 은총으로 받아들여지고, 그리스도께서 완전한 속죄에 의해 자기 백성을 위해 획득한 모든 축복에 대한 권리를 받는 자로 지위가 바뀌는 것이다.

지금까지 거론한 정의에 따르면 "의롭다 하다"라는 용어의 의미를 다음과 같은 것에 의해 판단할 수 있다.

첫째, 성경의 용례에 의해. 유다는 "우리가 내 주께 무슨 말을 하오리이까 무슨 설명을 하오리이까 어떻게 우리의 정직을 나타내리이까"라고 말한다(창 44:16). "정직을 나타내리이까"의 히브리 단어 "짜다크"(qdːcʼ)는 언제나 "의롭다 하다"를 가리킨다. 여기에서 제기된 사안은 전적으로 법률적인 것이다. 유다와 그 형제들은 이집트 총리 앞에 피고인으로 소환되었고, 그들의 관심사는 어떻게 하면 호의의 선고를 얻어낼까에 있었다.

> 사람과 사람 사이에 시비가 생겨서 재판을 청하거든 재판장은 그들을 재판하여 의인은 의롭다 하고 악인은 정죄할 것이며 _**신 25:1**

이 구절에서도 명백하게 나타난 사실은 "의롭다 하고"라는 표현은 법정용어라는 점이다. 즉, 재판 문제와 관련해서 사용되고, 심리와 판결의 과정을 가리킨다. 여기에서 하나님은 이스라엘 재판장들을 규제하는 규칙을 정하셨다. 이스라엘의 재판장들은 사악한 자들을 "의롭다 하는" 즉, 악인을 두둔해서는 안 된다고 규정하신다. 열왕기상 8장 31절, 32절과 비교하라.

> 가령 내가 의로울지라도 내 입이 나를 정죄하리니 가령 내가 순전할지라도 나의 패괴함을 증거하리라 _**욥 9:20**

이 문장의 첫 부분을 두 번째 부분에서 설명한다. 즉, 첫 부분에 있는 "의롭다"라는 말은 "거룩하게 된다"라는 뜻이 될 수 없고 "호의를 베풀어 선고하다"라는 뜻이다.

> 엘리후가…욥에게 노를 발함은 욥이 하나님보다 자기가 의롭다 함이요
> _욥 32:2

여기에서 엘리후가 욥에게 화를 낸 까닭은 욥이 하나님보다 자신을 더 주장하였기 때문인 것이 분명하다.

> 주께서 말씀하실 때에 의로우시다 하고 판단하실 때에 순전하시다 하리이다 _시 51:4

이 구절은 하나님께서 사법적 행위를 하실 때 의롭게 판결을 내리실 것을 가리킨다. "지혜는 그 행한 일로 인하여 옳다 함을 얻느니라"(마 11:19)라는 말씀은, 하나님에 의해 참으로 거듭난 자들은 (서기관들과 바리새인들이 어리석다고 여기는) 하나님의 지혜를, 실제 그 자체로 완전한 지혜로 간주하였다는 의미이다. 즉, '어리석다'는 비방을 말끔히 제거하였다는 뜻이다.

둘째, "의롭다 하다"라는 용어의 엄밀한 효과는, 이 용어가 "정죄하다"라는 용어의 대구라는 관념에 의해 확인된다. "정죄하다"라는 것은 무죄한 사람을 악인으로 만들어내는 과정이 아니다. 어떤 사람이 법률을 어겼기 때문에 재판관이 그에게 선고

를 내리는 것이다.

> 악인을 의롭다 하며 의인을 악하다 하는 이 두 자는 다 여호와의 미워하심을 입느니라 _**잠 17:15; 비교 신 25:1**

> 네 말로 의롭다 함을 받고 네 말로 정죄함을 받으리라 _**마 12:37**

> 의롭다 하신 이는 하나님이시니 누가 정죄하리요 _**롬 8:33, 34**

"정죄"는 법률이 규정한 형벌을 받아 마땅한 사람에게 형벌을 부과하고 명령하는 선고를 내리는 것이라는 것은 부정할 수 없는 사실이다. 그러므로 칭의는 법률이 규정한 상을 어떤 사람에게 주라고 명령하는 선고를 내리는 것이다.

셋째, 칭의는 죄로부터 거룩으로의 체험적 변화가 아니다. 죄책으로부터 결코 정죄함이 없는 지위로의 사법적 변화는 그것을 가리키기 위해 사용된 대등한 용어에 의해 입증된다. 예를 들면, "일한 것이 없이 하나님께 의로 여기심을 받는 사람의 행복에 대하여 다윗의 말한바"(롬 4:6)와 같은 말씀이다. 율법적 "의"는 마음에 주입된 기질이 아니라 우리의 몫으로 넘겨준 선물이다. 로마서 5장 9절의 "그의 피를 인하여 의롭다 하심을 얻었다"는 말은 10절의 "죽으심으로 말미암아 하나님으로 더불어 화목되었"다는 말과 동일한 것이다. "화목"은 성품의 변형이 아니라 불법을 야기하는 모든 것을 제거함으로써 평화를 낳는 것이다.

넷째, 우리가 받는 구원의 사법적 측면을 성경은 법정의 재판 및 선고의 모습으로 제시한다. 청교도 신학자 존 오웬은 다음과 같이 정리한다.

1) 심판을 전제한다. 시편기자는 이 심판을 율법에 의거하여 진행하지 말아달라고 기도한다(시 143:2).
2) 재판장은 하나님 자신이다(사 50:7, 8).
3) 하나님이 좌정하신 재판석은 은혜의 보좌이다(히 4:16).
4) 죄책을 짊어진 인간. 하나님의 미움을 받아 마땅한 죄책을 짊어진 죄인이다(롬 3:18).
5) 검사는 율법(요 5:45)과 양심(롬 2:15)과 사탄(슥 3:2, 계 12:10)이며, 죄인에 대해 혐의를 제기하고 고발할 준비가 되어 있다.
6) 혐의는 인정되어 율법의 형태로 손으로 작성되어 재판장 앞에 놓여, 범법자의 구원을 가로막고 있다(골 2:14).
7) 복음은 죄책을 짊어진 사람을 위한 탄원을 준비하였다. 이것은 그리스도의 피, 지불된 속전, 언약의 보증이 가져온 영원한 의로 말미암은 은혜이다(롬 3:23, 단 9:24).
8) 죄인은 다른 모든 변명 혹은 변론을 부인하고 이 은혜만을 의지하여 변론한다(시 130:2, 3; 눅 18:13).
9) 이 탄원을 유효화하기 위해, 우리는 아버지께 대언자를 세운다. 그 대언자는 우리를 위하여 자신을 화목제물로 드린

것에 의거하여 탄원한다(요일 2:1, 2).

10) 그리스도의 속죄 및 의에 근거하여 죄인은 무죄석방을 선고받는다. 그리고 그리스의 승인을 받은 자의 자격으로 은총으로 받아들여진다(롬 8:33, 34; 고후 5:21).

지금까지의 설명으로부터 칭의는 무엇이 아닌지를 정리해보자. 첫째, 칭의는 중생이 아니다.

> 그들을 또한 부르시고 부르신 그들을 또한 의롭다 하시고 _롬 8:30

유효적 소명 혹은 신생(新生)과 칭의는 비록 불가분리적으로 연결되어 있더라도 명확하게 구별된다. 양자는 결코 분리되지는 않지만 혼동해서는 안 된다. 본연의 질서에 따르면 중생은 칭의에 선행한다. 하지만 어떤 의미에서도 중생은 칭의의 원인이 아니다. 어떤 누구도 믿을 때까지는 의롭다 함을 받지 않는다. 어떤 누구도 살아날 때까지는 믿지 않는다. 중생은 아버지의 행위이고 (약 1:18) 칭의는 재판장의 선고이다. 중생은 하나님의 가정에 속하도록 만들어주고 칭의는 하나님의 보좌 앞에 안전하게 서 있도록 만들어준다. 중생은 내적 즉, 하나님의 생명을 영혼에게 나눠주는 것이다. 칭의는 외적 즉, 그리스도의 순종을 내 몫으로 나눠주는 것이다. 중생은 나를 회개를 통해 아버지의 집으로 돌아가도록 이끌어주고, 칭의는 내게 "가장 좋은 옷"을 주어 나를 아버지 앞에 적합한 자로 만들어준다.

둘째, 칭의는 성화가 아니다.

성화는 도덕적 혹은 경험적인 것이고 칭의는 법률적 혹은 사법적인 것이다. 성화는 내 안에서 성령이 역사한 결과이고 칭의는 그리스도께서 나를 위하여 성취한 것에 입각한 것이다. 성화는 점진적이며 누진적이지만 칭의는 즉각적이며 불변적이다. 성화는 정도 차이가 있고 이생에서는 결코 완성되지 않는다. 반면에 칭의는 완전하며 결코 추가 확장이 없다. 성화는 나의 상태에 관련된 것이고 칭의는 하나님 앞에서의 나의 지위에 관한 것이다. 성화는 성품의 도덕적 변형을 낳고, 칭의는 법률적 지위의 변화이다. 즉, 죄책 및 정죄로부터 죄용서 및 수납으로의 변화이다. 이 변화는 오직 믿음이라는 수단을 통해, 그리스도의 의의 전가에 입각하여, 하나님의 값없는 행위에 의해서만 이뤄진다. 비록 칭의는 성화와 완전히 구별되지만 성화는 언제나 칭의에 동반한다.

셋째, 칭의는 죄용서가 아니다.

칭의와 죄용서는 몇 가지 점에서는 일치한다. 오직 하나님만이 죄를 용서할 수 있고(막 2:7), 오직 하나님만이 의롭다 하실 수 있다(롬 3:30). 하나님의 값없는 은혜는 죄용서의 유일한 동력인(動力因)이며(엡 1:7) 칭의에 대해서도 마찬가지이다(롬 3:24). 그리스도의 피가 죄용서와 칭의의 획득적 원인이다(마 26:28, 롬 5:9). 양자의 목적물도 동일하다. 즉, 죄용서를 받는 그 사람을 의롭다 하시고, 의롭다 하심을 받는 바로 그 사람이 죄용서를 받는다.

하나님께서 그리스도의 의를 전가하여 의롭다 하시는 자들에게 죄를 용서해주신다. 죄를 전가하지 않고 용서해주시는 자들에게 행함이 없을지라도 의를 전가해주신다(롬 4:6-8). 죄용서와 칭의는 모두 믿음에 의해 받는다(행 26:18, 롬 5:1). 그러나 양자가 이러한 일치점이 있더라도 차이점도 있다.

하나님이 "의롭다 함을 얻으시고"라는 말씀이 있다(롬 3:4). 그러나 하나님이 "죄용서를 받으신다"는 말은 신성모독일 것이다. 이 지적은 양자가 다른 것이라는 사실을 즉각적으로 보여준다. 범죄자는 용서를 받을 수 있지만 의로운 사람은 참으로 의롭다 함을 받을 뿐이다. 죄용서는 사람의 행위만을, 반면에 칭의는 사람을 다룬다. 죄용서는 자비의 권리주장을 고려하고 칭의는 정의가 제기하는 권리주장을 고려한다. 죄용서는 죄로 인한 저주를 사해줄 뿐이다. 여기에 더해 칭의는 하늘에 들어갈 자격을 부여한다. 칭의는 율법의 권리주장에 관련하여 신자에게 적용되지만 죄용서는 율법의 저자와 관련한다. 율법은 빈틈없이 엄정하기 때문에 죄를 용서하지 않는다. 그러나 하나님은 하나님의 백성들이 지은 죄악에 합당한 속죄를 율법에게 제공해 줌으로써 자기 백성들이 율법을 범한 죄를 용서하신다. 그리스도의 피는 죄용서를 획득하기에 충분하였다(엡 1:7). 그러나 칭의를 위해서는 그리스도의 의가 필요하다(롬 5:19). 죄용서는 불결한 옷을 벗기고 칭의는 아름다운 옷을 입혀준다(슥 3:4). 죄용서는 죽음으로부터의 해방이지만 전가된 의는 "생명에 이르게 하는 칭의"라고 부른다(롬

5:18). 죄용서는 신자를 철저한 죄인으로 보지만 칭의는 철저하게 의인으로 본다. 죄용서는 형벌의 면제이고 칭의는 형벌을 가할 근거가 전혀 존재하지 않는다는 선언이다. 죄용서는 수없이 반복될 수 있지만 칭의는 단 한번 뿐이다.

바로 위 단락의 내용에 따르면, 칭의를 단지 죄 용서로 제한하는 것은 정말 심각한 잘못이다. "정죄"가 형벌의 집행이 아니며 오히려 피고에게 죄과가 있고 처벌받아 마땅하다는 형식적 선언인 것과 마찬가지로 "칭의"는 형벌의 면제일 뿐만 아니라 형벌을 부가하지 않아도 정당하다는 사법적 선언이다. 피고가 그리스도의 완전한 순종을 법률상 피고의 것으로 간주한 결과로 율법의 적극적 요구조건 전체를 충족시키기 때문이다. 신자가 의롭다 함을 받는 것은, 신자의 담보 즉, 그리스도가 쌓은 공로로 인해 받아야 하는 상급에 참여할 자격을 획득한다는 것에 다름 아니다. 칭의는 더도 덜도 아닌, 우리에게 전가된 그리스도의 의 즉, 그리스도의 의로부터 나오는 소극적 축복이 죄 용서이고 적극적 축복이 하늘의 유업에 들어갈 자격이다. 이것을 뉴튼(Benjamin Wills Newton, 1807-1899)은 다음과 같이 아름답게 지적하였다.

"임마누엘과 임마누엘의 본질적 탁월성을 분리해서는 안된다. 임마누엘은 상처를 입고 으깨져서 불에 던져진 향처럼 드려졌다. 그렇다면 과거의 향은 향기가 없이 탔단 말인가? 오직 향기만이 그 결과인가? 그리스도라는 이름은 죄를 삭제하는 것으로 끝나지 않는다. 죄를 삭제한 그 자리에 그 자신의 영원한 탁월성을 채워 넣는다. 우리는 그리스도라는 이름이 가진 무효화하는 능력만 취할 수는 없다. 확실한 부수물이 따라온다. 율법의 전형적인 모든 희생제사와 마찬가지였다. 임마누엘은 두들겨 맞았다. 그러나 흠이 없었기 때문에 제단 위에서 번제물로 태워져서 달콤한 향기를 피워 올렸다. 그 향기는 하늘로 올라가 하나님 앞에서 하나의 기념물이 되었다. 그 향기를 하나님이 받으셨고, 그 가치는 그 대속물을 드린 자에게로 전가 즉, 귀속되었다. 그러므로 만일 우리가 의의 전가를 부인하면 성경에서 계시한 희생제사를 부인하는 것이다. 성경은 죄책을 조금도 남기지 않고 철저히 제거하여 하나님께 받아들여지도록 만들어주는 효력을 가진 다른 어떤 희생제물을 알지 못한다."

칼빈도 다음과 같이 말한다.

▬▬▬ "우리의 의를 그리스도의 순종에 둔다는 것은, 그리스도의 순종을 마치 우리 자신의 것인 듯 우리를 위해 받아들여준다는 오직 그 이유 때문에 우리를 의로운 존재로 간주해준다고 주장하는 것이다. 그러므로 암브로스는 이 의를 야곱의 축복기도에서 매우 아름답게 예증해주었다. 야곱은 그 자신에게는 장자권을 주장할 권리가 전혀 없었다. 그래서 에서의 가장 향기로운 냄새가 배어 있는 옷을 걸쳐 자기를 감추어 아버지의 마음에 들게 꾸몄다. 형에

게 주어질 축복을 자신이 대신 받기 위함이었다. 그와 같이 우리도 그리스도의 보배로운 순결로 우리 자신을 덮는다"(칼빈, 기독교강요, 3권, 11장, 23절, 1559).

## 2

# 칭의의 난제

Justification by Faith

 

이 장과 다음 장의 목적은 사중적이다. 첫째, 어떤 죄인도 자신의 행위에 입각해서는 자신을 하나님께 받아들여지고 은총을 받는 자로 만들어낼 수 없음을 입증하는 것이다. 둘째, 죄인을 구원한다는 것은 오직 전지(全知)만이 해결할 수 있을 문제에 직면한다는 것과 하나님의 완전한 지혜는 하나님의 법을 어긴 죄인을 하나님의 진실성을 손상시키지도 않고 하나님의 거룩성을 더럽히지도 않고 정의의 권리주장을 무시하지도 않으면서 의롭다고 선언할 수 있는 방도를 즉, 하나님의 모든 속성을 영광스럽게 펼치고 하나님의 사랑하시는 아들을 영화롭게 하는 방도를 찾아냈음을 입증하는 것이다. 셋째, 깨어난 양심이 확고부동한 평화를 찾을 수 있는 유일한 근거를 지적하는 것이다. 넷째, 넘치도록 풍성한 하나님의 은혜를 하나님의 자녀들에게 더욱 명확하게 납득

시켜서 "그토록 위대한 구원"을 만드신 이에게 전심으로 뜨겁게 찬양하도록 하는 것이다.

그러나 우선 지적해야 할 사항이 있다. 하나님의 거룩하심이라는 광명한 빛에 자신을 내놓고 살펴본 적이 없고 하나님의 말씀이 자신의 골수까지 파고드는 통렬함을 느껴본 적이 없는 독자는 이제부터 서술할 내용의 설득력을 충분히 공감할 수 없을 것이다. 그렇다. 십중팔구, 거듭나지 않은 사람은 이제 언급할 내용에 단호하게 이의를 제기하면서, 자비의 하나님께서 죄를 짓는 피조물을 용서하심에 있어서 이와 같은 어려움이 존재한다는 사실을 부정할 가능성이 있다. 혹은, 그 정도로까지 의견을 달리하지 않더라도 우리가 상정하는 사례에서 여러 요소들을 무분별하게 과장하여 죄인의 상태를 지나치게 우울하게 묘사하였다고 판단할 가능성이 매우 크다. 틀림없다. 거듭나지 않은 사람은 하나님에 대한 체험적 지식이 전혀 없기 때문에 자신의 마음이 무시무시한 역병에 걸렸다는 것도 전혀 의식하지 못하기 때문이다.

자연인은 하나님께서 철저하게 살피신다는 사실을 감당하지 못한다. 자연인이 마지막까지 미루고 싶은 것은, 모든 것을 살펴보는 조물주요 심판자의 눈 밑으로 지나가는 것이다. 사람의 모든 생각과 열망, 가장 비밀스러운 상상과 동기는 하나님 앞에 적나라하게 드러난다. 정말이지 그것은 지극히 엄숙한 경험이다. 다윗과 함께 그 경험을 느껴보자.

여호와여 주께서 나를 감찰하시고 아셨나이다 주께서 나의 앉고 일어섬을 아시며 멀리서도 나의 생각을 통촉하시오며 나의 길과 눕는 것을 감찰하시며 나의 모든 행위를 익히 아시오니 여호와여 내 혀의 말을 알지 못하시는 것이 하나도 없으시니이다 주께서 나의 전후를 두르시며 내게 안수하셨나이다 _시 139:1-5

사랑하는 독자여. 자연인이 정말 마지막까지 피하고 싶은 것은 하나님의 철저하고도 철저한 감찰을 받는 것이며 자신의 진짜 성품이 적나라하게 폭로되는 것이다. 이렇게 감찰하시는 일을, 하나님께서 이생에서 은혜 중에 하시든 다가올 마지막 심판 날에 하시든 어떤 누구도 피할 수 없다. 바로 그때 우리는 다윗처럼 외치자.

내가 주의 신을 떠나 어디로 가며 주의 앞에서 어디로 피하리이까 내가 하늘에 올라갈지라도 거기 계시며 음부에 내 자리를 펼지라도 거기 계시니이다 내가 새벽 날개를 치며 바다 끝에 가서 거할지라도 곧 거기서도 주의 손이 나를 인도하시며 주의 오른손이 나를 붙드시리이다 내가 혹시 말하기를 흑암이 정녕 나를 덮고 나를 두른 빛은 밤이 되리라 할지라도 주에게서는 흑암이 숨기지 못하며 밤이 낮과 같이 비취나니 주에게는 흑암과 빛이 일반이니이다 _시 139:7-12

바로 그때에 다윗의 "주에게서는 흑암이 숨기지 못하며 밤이 낮과 같이 비취나니 주에게는 흑암과 빛이 일반이니이다"라는 고백은 우리의 확신이 될 것이다.

바로 그때에 영혼은 깨어나 자신이 상대하는 이가 누구인지를 깨닫게 될 것이다. 바로 그때에 영혼은 하나님께서 천명하는 권리주장들, 하나님의 율법이 정의롭게 요구하는 사항들, 하나님의 거룩이 요구하는 것들이 무엇인지를 지각한다. 바로 그때에 영혼은 자신이 그러한 권리주장들을 고찰하는 데에 얼마나 완벽하게 실패하였는지를, 하나님의 율법을 얼마나 지독하게 무시하였는지를, 그 요구사항에 얼마나 비참할 정도로 충족시키지 못하였는지를 깨닫는다. 바로 그때에 영혼은 자신이 "모태에서부터 패역한 자"였으며(사 48:8) 따라서 자신의 조물주를 영화롭게 하는 삶을 살기는커녕 오로지 이 세상의 삶의 방식을 따르며 육체의 소욕을 채웠을 뿐임을 감지한다. 바로 그때에 영혼은 자기 안에는 "발바닥에서 머리까지 성한 곳이 없이 상한 것과 터진 것과 새로 맞은 흔적 뿐"임을 깨닫는다(사 1:6). 바로 그때에 자신의 모든 의는 "더러운 걸레"같음을 알게 된다(사 64:6).

■■■ "교실에 한가롭게 앉아 있는 자가 행위의 공로가 사람을 의롭게 한다는 사색에 몰입하는 것은 쉬운 일이다. 그러나 하나님 앞으로 나아갈 때는 반드시 이러한 오락에 작별을 고해야 한다. 하나님 앞에서 처리해야 할 일은 심각한 일이기 때문이다. 결코 우스꽝스러운 입씨름이 아니다. 그때 만일 우리가 참된 의에 관하여 유

익한 조사연구를 하기 원한다면 우리가 반드시 주의를 집중해야 하는 문제는, 하늘의 재판장께서 우리에게 해명을 요구하실 때 우리는 어떻게 대답해야 하는가라는 것이다. 자, 하늘의 재판장을 우리 눈앞에 그려보자. 우리의 머리에 저절로 떠오르는 상상력에 따라서가 아니라 성경이 하늘의 재판장에 관해 제시하는 묘사에 따라서 그려보라. 성경이 묘사하는 하늘 재판장은 그 찬란한 광채가 별빛을 무색하게 하고 그 권세가 산악을 녹이고 그 분노가 지축을 흔들고 그 지혜가 지극히 섬세하고 그 순결함은 만물을 더운 것처럼 보이게 하고 그 의로움은 천사들조차 감당하지 못하고 결코 어떤 죄인도 무사하지 못하고 그 분노는 일단 불이 붙으면 지옥의 심연까지도 꿰뚫는 모습이다"(칼빈, 기독교강요, 3권, 12장, 1절).

아! 독자여, 영혼이 하나님 앞으로 나아가서 하나님의 두려운 위엄을 목도할 때 영혼이 직면하는 여파는 실로 엄청나다. 우리가 우리의 동료 인생들에 의해 우리 자신을 평가할 때에는 우리가 그렇게 나쁘지 않다는 결론에 쉽사리 도달한다. 그러나 우리가 형언할 수 없이 거룩한 무서운 재판정에 도달하면 우리 자신의 성품과 행위를 전혀 다르게 평가하게 된다. 땅에 속한 것들에 몰두하는 동안에는 우리의 능력을 자랑하기도 한다. 하지만 한낮의 눈부신 태양을 지속적으로 응시하면 즉시 우리의 눈은 현저하게 침침해질 것이다. 마찬가지이로 내가 나 자신을 다른 죄인들과 비교하는 동안에는 나 자신을 잘못 평가할 수밖에 없다. 그러나 나의 인생을 하나님의 율법이라는 다림줄로 잰다면, 하나님의 거룩에 비춰 잰다면, "내가 스스로 한하고 티끌과 재 가운데서 회개하"지 않을 수 없다(욥 42:6).

죄가 인간의 존재를 부패시켜놓았다. 인간이 하나님과 맺는 관계를 변질시켰다. 죄는 사람을 하나님의 생명에서 떠나(엡 4:18), 하나님의 의로운 정죄를 당하게 만들었다. 사람은 생각과 말과 행실로, 단 한번이 아니라 셀 수도 없을 정도로 하나님의 율법을 어겼다. 하나님의 법정은 사람은 고질적인 상습범이며 간악한 반역자라고 선고하였다. 사람은 자신의 조물주의 저주를 받았다. 율법은 율법이 규정한 형벌을 사람에게 부과할 것을 요구하며 정의는 충족시켜달라고 부르짖는다. 죄인의 형편은 극도로 개탄스럽다. 깨달은 양심이 이 사실을 고통스럽게 감지할 때, 그 양심의 고뇌에 찬 주인은 "그런즉 하나님 앞에서 사람이 어찌 의롭다 하며 부녀에게서 난 자가 어찌 깨끗하다 하랴"라고 부르짖는다(욥 25:4). 정말 그렇다! 자, 이제 이 문제와 관련된 다양한 요소들을 고찰해보자.

### 1) 하나님의 율법의 요구사항들

칭의에 관련한 모든 문제는 하나님의 법정을 상정하게 만든다. 그 법정의 원칙은 전적으로 하나님만이 결정하신다. 우리는 심지어 세속적인 통치자가 자신의 법을 만들고 자신의 방식대로 집행할 권리가 있다고 인정한다. 그렇다면 우리는 사람이 이 권세를 갖는 데에는 동의하면서 완전한 지혜와 권능을 가진 하나님께 대해서는 그럴 권세가 없다고 해도 될까? 피조물이 창조주를 심판대에 올려놓고 하나님이 통치방식이 이래야 한다고 혹은 이래서는 안 된다고 판결하는 것보다 더 주제넘은 짓은 없다. 창조주가 자신의 법정의 원칙을 해설해주실 때 우리는 경외하는 마음으로 경청하고, 그 원칙이 어떤 것인지를 우리에게 설명해주시는 그 선하심에 겸손하게 감사하는 것이 우리의 마땅한 자세임에 틀림없다. 죄인인 우리는 하나님께 대해 권리를 주장할 수 없다. 반면에 하나님의 방식을 우리에게 알려주실 계시에 대한 권리는 가지고 있다.

▰▰▰ "하나님의 통치의 사법적 원칙은, 예상되는 것처럼, 하나님의 절대적으로 완벽한 거룩에 입각한다. 이 점은 시내 산에서 주어진 율법의 금지명령 및 집행명령에서 충분히 드러났다. 율법은 잘못된 행실과 마음의 잘못된 모의를 금지하는 것으로 그치지 않았다. 훨씬 더 깊이 들어가 잘못된 욕망과 잘못된 기질까지도 금지하였다. '탐내지 말라'고 말한다. 즉, 하나님의 완전하심에 반하는 갈망 혹은 성향을 단 한순간도 품지 말라는 명령이다. 율법의 적극적인 요구사항들에 관해 말하자면, 율법은 영혼과 육신을 온 힘을 다해 하나님께 완벽하고 무조건적이며 영속적으로 굴복하고 하나

님을 섬길 것을 요구하였다. 율법은 하나님께 대한 완벽하고 꾸준한 사랑이 마음속에 살아 있는 원리로 자리 잡을 뿐만 아니라 한결같이 행동으로 발현시키기를 요구하였다. 그 사랑을 발현하는 방식은 철두철미하게 그 근원적 원리만큼이나 완벽할 것을 요구하였다.

어떤 사람이든 이와 같은 완전하다는 주장을 입증할 수 있다면 하나님의 법정은 기꺼이 그렇다고 인정할 것이다. 진리의 하나님은 진실된 주장을 어디에서든 인정해줄 것이다. 그러나 만일 우리에게 이런 주장을 할 능력이 없다면, 만일 우리 안에 그리고 우리의 행함에 부패가 있다면, 만일 어떤 것에든 우리가 하나님의 영광에 미치지 못한다면, 분명히, 하나님의 법정이 어떤 식으로든 완전하다고 인정해주기를 아무리 원할지라도 그와 같은 바램은 완전함 대신에 헤아릴 수 없이 많은 죄와 모자람을 가진 자들에게는 결코 소망을 품을 근거를 제공해주지 못한다"(벤자민 뉴튼).

### 2) 우리를 고발하는 기소장

하늘이여 들으라 땅이여 귀를 기울이라 여호와께서 말씀하시기를 내가 자식을 양육하였거늘 그들이 나를 거역하였도다 소는 그 임자를 알고 나귀는 주인의 구유를 알건마는 이스라엘은 알지 못하고 나의 백성은 깨닫지 못하는도다 하셨도다 슬프다 범죄한 나라요 허물 진 백성이

요 행악의 종자요 행위가 부패한 자식이로다 그들이 여호와를 버리며 이스라엘의 거룩한 자를 만홀히 여겨 멀리하고 물러갔도다 _사 1:2-4

영원한 하나님은 우리가 하나님이 모든 계명을, 어떤 계명들은 행동으로, 어떤 계명들은 말로, 그 모든 계명은 생각과 상상으로, 어겼다는 혐의를 정당하게 제기하신다.

이 혐의의 흉악성은 우리가 빛과 지식에 반하여 악을 선택하고 선을 버렸다는 사실에 의해, 그리고 반복해서 우리는 고의로 하나님의 의로운 법에 등을 돌리고 길 잃은 양처럼 잘못된 길로 가고 우리 마음의 악한 욕망과 궤계를 따랐다는 사실에 의해 증폭된다. 게다가, 하나님은 하나님의 피조물인 우리는 마땅히 하나님께 순종했어야 한다고, 우리의 생명은 매일 하나님의 돌보심 덕택이므로 우리는 마땅히 하나님께 불순종이 아니라 충성을 드렸어야 하고 하나님의 보좌에 반역을 일으키는 대신에 하나님의 충성된 신복이 되었어야 한다고 한탄하신다. 우리에게 제기된 죄는 조금도 과장된 것이 아니다. 우리가 부정할 수 없는 사실적 진술을 선포한 것이다. 우리는 배은망덕하고 무법하고 경건치 않은 피조물이다. 도대체 누가 일하기를 거부하는 말을 키울까? 도대체 누가 주인에게 짖어대고 덤벼드는 개를 키울까? 하지만 우리는 하나님의 안식일을 범하고, 하나님의 견책을 경멸하고, 하나님의 자비를 악용하였다.

2. 칭의의 난제 **45**

### 3) 율법의 선고

> 누구든지 율법 책에 기록된 대로 온갖 일을 항상 행하지 아니하는 자는 저주 아래 있는 자라 _갈 3:10

율법의 계명 하나를 범하는 자마다 하나님의 진노와 그 진노의 표현인 형벌을 받는다. 무지를 정상참작해주지 않는다. 사람을 차별하지 않는다. 그 엄격성에 대한 완화를 일체 허용하지 않는다. "범죄 하는 영혼은 죽으리라"(겔 18:4)는 요지부동의 선언이다. 남녀노소, 빈부, 인종에 상관없이 예외가 없다.

"죄의 삯은 사망이다"(롬 6:23). "하나님의 진노가 불의로 진리를 막는 사람들의 모든 경건치 않음과 불의에 대하여 하늘로 좇아 나타나"기 때문이다(롬 1:18).

### 4) 불변적으로 정의로우신 재판장

하나님은 신성한 정의의 최고법정에서 율법의 가장 엄격하고 가장 준엄한 측면을 취하시고, 문자 그대로 엄정하게 재판하신다.

> 이런 일을 행하는 자에게 하나님의 판단이 진리대로 되는 줄 우리가 아노라…하나님께서 각 사람에게 그 행한 대로 보응하시되 _롬 2:2, 6

하나님은 불변적으로 의로우시다. 따라서 율법 쪽으로든 범법자 쪽으로든 결코 편파적이지 않으신다. 지극히 높으신 하나님은 자신의 거룩한 율법을 충실하게 견지하시고 그 상벌을 엄격히 집행하시기로 결정하셨다.

만일 모든 재판장이 우리나라의 법률을 견지하고 집행하기를 중단한다면 나라는 어떻게 될까? 만일 정서적 자비가 의를 짓밟고 횡행한다면 어떤 지경이 될까? 자, 하나님은 온 땅의 재판장이요 온 우주의 도덕적 통치자이시다. 성경은 동정과 관대함이 아니라 "의와 공의"가 하나님의 "보좌의 기초"라고 선언한다(시 89:14). 하나님의 속성은 상호 갈등을 일으키지 않으며 하나님의 자비는 하나님의 정의를 짓밟지 않는다. 하나님의 은혜가 나타날 때도 의를 희생한 적이 없다. 하나님의 모든 속성 그 각각마다 자유 통행로가 주어졌다. 하나님은 오로지 죄인을 사랑하셨기 때문에 죄인을 천국에 들어갈 수 있게 하셨다는 주장은, 마치 재판장이 탈옥한 죄수가 단지 불쌍하다는 이유만으로 자기 집에 숨겨주는 것과 매한가지이다. 성경은 하나님께서 "형벌 받을 자는 결단코 면죄하지 않"을 것이라고 강조적으로 선언한다(출 34:7).

### 5) 의심의 여지없이 죄책을 짊어진 죄인

죄인은 단지 약점을 가지고 있다거나 당연한 만큼 선량하지 않다는 것만이 아니다. 죄인은 하나님의 권위를 무시하고, 하나님의 계명을 범하고, 하나님의 율법을 짓밟았다. 이것은 단지 어떤 부류에 속하는 범법자들에게만 해당되는 것이 아니라 온 세상이 하나님 앞에서 죄책이 있다(롬 3:19).

> 의인은 없나니 하나도 없으며, 다 치우쳐 한가지로 무익하게 되고 선을 행하는 자는 없나니 하나도 없도다 _롬 3:10, 12

어떤 누구도 이 무서운 혐의를 스스로 벗지 못한다. 혐의가 제기된 범죄를 저지르지 않았다는 것도, 그런 범죄행위를 하였을 때 자기에는 그렇게 행할 권리가 있었다는 것도 입증하지 못한다. 율법이 기소한 혐의를 반증하지도 못하고 그런 행위를 행할 권리가 있다고 자기정당화도 하지 못한다.

그렇다면, 재판은 다음과 같이 흘러간다. 율법은 율법의 모든 명령에 대해 마음과 행위로, 동기와 실행으로 개인적이고 완벽하고 지속적으로 순응할 것을 요구한다. 하나님은 우리 각자에게 그 정당한 요구에 부응하지 못하였다는 혐의를 제기하신다. 그리고 우리가 하나님의 계명을 생각과 말과 행실로 범하였다고 선언하신다. 그러므로 율법은 우리에게 정죄를 선고하고, 우리를 저주하고, 형벌 즉, 사형에 처할 것을 요구한다. 우리를 심판하는 재판장은 모든 것을 아시고, 속임을 당하지도 사기를 당할 수도 없으신 분이다. 영원한 재판장은 불변적으로 정의롭고, 결코 어떤 정서적 고려사항에 흔들리지도 않으신다. 피고인 우리는 죄책이 있고, 율법의 고발을 논박하지도 못한다. 우리의 죄악 된 행실의 정당성을 입증하지도 못하고, 우리의 범죄를 속량하지도 속죄하지도 못한다. 참으로, 우리의 형편은 철저하게 절망적이다.

그렇다면 여기에 문제가 있다. 하나님은 자신의 율법을 악의적으로 범한 자를, 그 죄악을 정당화하지 않은 채 어떻게 의롭다고 선언하실 수 있을까? 하나님은 자신의 거룩성을 위태롭게 하지 않은 채 그리고 "형벌 받을 자는 결단코 면죄하지 않고"라는 자신의 말씀을 외면하지 않은 채 어떻게 자신의 깨어진 율법이 부과하는 형벌을 면해주실 수 있을까? "범죄 하는 영혼은 죽으리라"라는 판결을 철회하지 않은 채 어떻게 죄책이 있는 피의자에게 생명을 부여할 수 있을까? 정의를 경멸하지 않은 채 어떻게 죄인에게 자비를 베풀 수 있을까? 이러한 문제는 모든 유한한 지성을 틀림없이 영원토록 곤혹스럽게 만들었을 난제이다. 하지만, 하나님의 이름을 찬양하라. 하나님은 자신의 완전한 지혜로, "죄인 중에 괴수"를 마치 완벽하게 무죄인 것 마냥 처리할 방도를 안출하셨다. 아니, 그 이상으로 "죄인 중에 괴수"를 의로운 자라고, 율법이 요구하는 기준에 부합한다고, 영원한 생명을 보상으로 받을 자격이 있다고 선언하신다. 어떻게 이렇게 될 수 있는지를 다음 장에서 다루겠다.

# 3
# 칭의의 기초

Justification by Faith

　지난 장에서 우리는 하나님의 법을 극악무도하게 범한 자를 의롭다고 선언할 때 야기되는 문제를 예측하였다. "문제" 혹은 "난제"라는 언급을 보고 깜짝 놀란 사람들도 있을 것이다. 세상이 자신들 덕택에 생존한다고 느끼는 불경건한 자들이 많은 것처럼 기독교계에는 자신들이 죽으면 창조주가 천국으로 데려가야 마땅하다고 생각하는 바리새인들이 적지 않다. 그러나 성령에 의해 조명을 받고 죄를 깨달은 자는 상당히 다르다. 그는 자신이 불결한 오물덩어리, 하나님을 배반한 악독한 반역자임을 안다. 이런 자는 하나님의 말씀이 명명백백하게 선언하는 주장에 귀를 기울인다.

　무엇이든지 속된 것이나 가증한 일 또는 거짓말 하는 자는 결코 그리로

3. 칭의의 기초 **53**

## 들어오지 못하되 _계 21:27

그리고 "어떻게 하면 내가 하늘의 예루살렘에 들어갈 수 있을까? 지금의 내 모습처럼 의가 완벽하게 결핍되어 있고 다만 불의로 가득 차 있을 뿐인 자는 어떻게 해야 거룩한 하나님으로부터 의롭다고 판결 받을 수 있을까?"라고 묻는다.

불신앙적 지성은 이 문제를 해결하기 위해 다양한 시도를 해 왔다. 만일 자신들이 새로운 전기를 마련하여 자신의 삶을 철저히 개혁하고 이후부터는 하나님의 율법에 순종하는 삶을 산다면 하나님의 법정에서 인정받을 것이라고 추론한 사람들도 있었다. 이 방식은 소위 자력구원론이라는 것이다. 단순하게 요약하자면, 우리 자신의 행위에 의한 구원받는다는 입장이다. 이것은 결코 성경적인 방식이 아니다. 자력에 의한 구원은 절대적으로 불가능하다. 개혁된 죄인의 행위는 자신을 구원하는 유효적 혹은 공로적 원인이 될 수 없다. 그 이유는 다음과 같다. 첫째, 그 이전에 저지른 잘못에 대해서는 전혀 대책이 없다. 그 이후로는 하나님의 법을 결코 범하지 않는다고 가정하더라도 과거의 죄악들을 무엇으로 속량할 수 있는가? 둘째, 타락하고 죄악 된 피조물은 하나님이 받으실만한 완전한 것, 조금도 부족함이 없는 완벽한 것을 만들어내지 못한다. 셋째, 우리가 우리 자신의 행위에 의해 구원받는 것이 가능하다면 그리스도의 고난과 죽음은 필요 없을 것이다. 넷째, 우리 자신의 공로에 의한 구원은 하나님의 은혜의 영광을 전적으로 무색하게 만들 것이다.

  이 문제는 오로지 하나님의 자비에 호소하면 해결될 것이라고 가정하는 사람들도 있다. 그러나 자비라는 속성은 하나님의 다른 모든 속성을 압도하지 않는다. 정의, 진실성, 그리고 거룩성 역시 하나님의 택자들의 구원에서 작동한다. 율법은 제거되지 않고 높여지고 찬양을 받는다. 엄숙한 위협 속에 있는 하나님의 진실성은 훼손되지 않고 충실하게 성취된다. 하나님의 의로움은 조롱당하지 않고 그 정당성이 확증된다. 하나님의 속성 가운데 어느 하나가 나머지 다른 속성들 가운데 하나를 손상시키도록 발휘되지 않고 오히려 그 모든 속성이 하나님의 지혜가 안출한 계획을 통해 똑같이 찬란하게 빛난다. 자비가 정의를 짓밟아 희생시킨다면 하나님의 통치에 어울리지 않을 것이다. 자비를 배제하도록 강요받은 정의는 하나님의 성품에 걸맞지 않을 것이다. 죄인을 구원함에 있어서 자비와 정의라는 두 속성을 어떻게 발휘하면 될까라는 문제는 유한한 지성이 결코 해결하지 못하였다.

  율법의 권리주장 앞에 속수무책인 자비에 대한 현격한 사례는 다니엘 6장에 있다. 거기에서 바벨론 왕 다리우스는 귀족들의 권유로 "삼십일 동안에 누구든지 왕 외에 어느 신에게나 사람에게 무엇을 구하면" 즉, 기도하면 "사자굴에 던져 넣기로 한" 칙령에 서명하였다(단 6:7, 12). 다니엘은 이 칙령을 알면서도 계속해서 하나님께 기도하였다. 그러자 귀족들은 다니엘이 왕의 금령을 어긴 사실을 다리우스에게 알리고 "메대와 바사의 변개치 아니하는 규례대로" 다니엘을 처벌하라고 요구하였다. 다리우스는 다니엘을 대단히 총애하여 다니엘에게 자비를 베풀기를 몹시 원하였다. 그래서 다리우스는 "다니엘을 구원하려고 마음을 쓰며 그를 건져 내려고 힘을 다하"였다(14절). 그러나 법은 반드시 존중되지 않으면 안 된다는 난제를 풀 방법을 찾아내지 못하였다. 그래서 다니엘을 사자굴에 던져넣었다.

자비 앞에서 속수무책인 율법에 대한 마찬가지로 혁격한 사례가 요한복음 8장에 있다. 거기에 간음하다가 붙잡힌 여자에 관한 대목이 있다. 서기관들과 바리새인들이 그 여자를 붙잡아 그리스도 앞에 세웠다. 그리고는 그녀의 범죄에 대한 혐의를 제기하고 그리스도께 "모세는 율법에 이러한 여자를 돌로 치라 명하였거니와"라고 주지시켰다(요 8:5). 그녀는 의심의 여지없이 유죄였고, 고발자들은 율법이 규정한 형벌을 그녀에게 부과하기로 결심하였다. 주님은 고발자들을 바라보며 "너희 중에 죄 없는 자가 먼저 돌로 치라"고 말씀하셨다. 그러자 고발자들은 양심의 가책을 받아 하나씩 그 자리를 떠났고 마침내 간음하다 붙잡힌 그 여자만 남게 되었다. 주님은 그녀에게 "여자여 너를 고소하던 그들이 어디 있느냐 너를 정죄한 자가 없느냐"라고 물으셨다. 여자는 "주여 없나이다"라고 대답하였고 주님은 다시, "나도 너를 정죄하지 아니하노니 가서 다시는 죄를 범치 말라"고 말씀하셨다(11절).

대립적인 두 원칙은 누가복음 15장에서는 서로 연계해서 작동하는 모습을 보인다. 아버지는 (방탕한) 아들이 먼 타국에서 입고 온 넝마를 입은 그대로 식탁에 앉힐 수 없었다. 그러나 아버지는 밖으로 나가서 그런 넝마를 걸친 아들을 맞이할 수 있었다. 그런 누더기를 걸친 아들을 얼싸안고 입을 맞출 수 있었다. 그렇게 하는 것은 아버지의 은혜가 가진 복된 특성이었다. 하지만 돼지우리에 적합한 옷을 걸치고 아버지의 만찬장에 앉는 것은 어울리지 않을 것이다. 아버지가 탕자에게 내민 은혜는 탕자를 아버지 집으로 데려온 의를 통하여 "왕 노릇"하였다(롬 5:21). 만일 아버지가 탕자가 밖에서 적절한 복장을 직접 마련해서 갖춰 입을 때까지 기다렸더라면 그것은 "은혜"가 아니었을 것이다. 만일 아버지가 탕자를 넝마를 걸친 그대로 식탁으로 데려갔더라면 그것은 "의"가 아니었을 것이다. 아버지가 "제일 좋은 옷을 내어다가 입히고 손에 가락지를 끼우고 발에 신을 신기라"라고 말할 때 은혜와 의는 그 각각의 아름다움으로 찬란히 빛났다.

그리스도와 그리스도의 속죄를 통하여, 하나님의 정의와 자비 즉, 하나님의 의와 은혜는 믿는 죄인을 의롭다 하는 일에 함께 한다. 죄가 일으킨 모든 문제에 대한 해결책은 그리스도 안에 있다. 그리스도의 십자가에서 하나님의 모든 속성은 최절정의 화려함으로 빛난다. 구속주가 하나님께 드린 속죄에서 율법의 교훈적이든 형법적이든 모든 권리주장은 충족되었다. 하나님은 첫 아담의 불순종이 초래한 불명예를 무한히 능가하는 명예를 마지막 아담의 순종에 의해 받으셨다. 하나님의 정의는 인류 전체가 영원토록 이글거리는 불 못에 던져졌을 경우보다 그 정의의 무서운 칼날이 하나님의 사랑하시는 독자를 내리쳤을 때 무한히 더 큰 찬양을 받았다. 죄 속에서 헐뜯는 것보다, 그리스도의 피 속에 있는 정결케 하는 효력이 무한히 더 크다. 모든 불경건한 자의 불의를 합쳤을 때의 죄과보다, 그리스도의 완벽한 의 하나에 있는 공로가 무한히 더 크다. 우리는 바울과 함께 "그러나 내게는 우리 주 예수 그리스도의 십자가 외에 결코 자랑할 것이 없으니"라고 외쳐야 마땅하다(갈 6:14).

많은 사람들이 그리스도의 속죄의 죽음은 하나님의 백성을 구원하는 공로적 원인이라는 점에 동의한다. 하지만 그리스도의 사역이 모든 신자의 칭의를 확보하는 수단 및 방법에 대한 성경적 설명을 명확하게 제시할 수 있는 사람은 정말 적다. 그러므로 이에 관한 명확하고 충분한 진술이 필요하다. 이 부분에 대한 애매한 관념은 하나님을 욕되게 하는 것인 동시에 우리의 평화를 뒤흔드는 것이다. 기독교인은 하나님께서 자신의 죄악을 용서해주시고 하늘의 유업을 받을 자격을 주시는 근거를 명확하게 이해하는 것은 최우선적으로 중요하다. 어쩌면 대리, 동일시, 전가, 이 세 단어에 의한 설명이 가장 좋은 설명일 것이다. 하나님의 백성의 보증이며 후원자인 그리스도는 율법의 지배를 받는 자기 백성의 자리에 대신 섰고, 자신을 백성들과 동일시하여 백성의 머리요 대표자가 되었고, 자신이 백성들의 모든 법률적 책무를 대신 이행하였다. 즉, 백성들이 져야 할 책임을 그리스도께 전가하고 그리스도의 공로를 백성들에게 전가하였다.

주 예수께서는 율법을 생각과 말과 행위로 완벽하게 순종함으로써 자기 백성을 위해 완벽한 의를 이뤘고, 이 의를 그들에게 전가하여 그들의 것으로 간주되도록 하셨다. 주 예수께서는 자기 백성들을 대신하여 율법의 형벌을 받았고, 백성들을 대신한 속죄의 죽음을 통해 백성들은 모든 죄책을 청산하였다. 피조물로서 백성들은 하나님의 법을 순종을 책무를 지고 있었고 범죄자로서 백성들은 율법의 사형선고를 받았다. 그러므로 우리의 책임을 충분히 감당하고 우리의 부채를 갚기 위해서는, 우리의 대리자는 반드시 순종과 죽음, 이 두 가지를 모두 해내야 했다. 그리스도의 피 흘림은 우리의 죄악을 말끔하게 제거하였으나 피 흘림 그 자체가 우리에게 "가장 좋은 옷"을 제공하지 않았다. 율법이 우리에 대해 제기하는 고발장을 "그러므로 이제 그리스도 예수 안에 있는 자에게는 결코 정죄함이 없나니"와 같은 식으로 침묵시키는 것은 단지 소극적인 축복에 불과하다. 그 이상의 어떤 것 즉, 적극적인 의 즉, 율법을 준행하는 것이 필요하였다. 그래야 우리가 율법의 축복과 포상을 받을 자격을 가질 수 있었다.

구약시대에 메시아와 중보자를 예언하는 명칭은 "여호와 우리의 의"이다(렘 23:6). 다니엘은 메시아가 와서 "허물이 마치며 죄가 끝나며 죄악이 영속되며 영원한 의가 드러나"게 할 것이라고 분명하게 예언하였다(단 9:24).

선지자 이사야도 다음과 같이 선언하였다.

어떤 자의 내게 대한 말에 의와 힘은 여호와께만 있나니 사람들은 그에게로 나아갈 것이라 무릇 그를 노하는 자는 부끄러움을 당하리라마는 이스라엘 자손은 다 여호와로 의롭다 함을 얻고 자랑하리라 하느니라 하셨느니라 _사 45:24, 25

그리고 구속받은 자의 즐거운 환호성을 다음과 같이 나타냈다.

내가 여호와로 인하여 크게 기뻐하며 내 영혼이 나의 하나님으로 인하여 즐거워하리니 이는 그가 구원의 옷으로 내게 입히시며 의의 겉옷으로 내게 더하심이 신랑이 사모를 쓰며 신부가 자기 보물로 단장함 같게 하셨음이라 _사 61:10

바울도 이 기쁨을 다윗의 말을 인용하여 다음과 같이 말하였다.

일한 것이 없이 하나님께 의로 여기심을 받는 사람의 행복에 대하여 다윗의 말한바 그 불법을 사하심을 받고 그 죄를 가리우심을 받는 자는 복이 있고 주께서 그 죄를 인정치 아니하실 사람은 복이 있도다 함과 같으니라 _롬 4:6-8

이 구절들은 하나님께서 의를 전가하신다는 것과 하나님께서 죄를 전가하지 않으신다는 것, 이 두 가지는 불가불리적이라는 사실을 보여준다. 이 둘은 결코 분리되지 않는다. 하나님은 의를 전가해주시는 자들에게 죄를 전가해주지 않으신다. 그리고 죄를 전가해주지 않는 자들에게 의를 전가해주신다. 독자가 파악하기를 우리가 간절히 원하는 특정한 지점은 "하나님께서 신자에게 전가해주시는 혹은 신자의 것으로 간주해주시는 그 의는 누구의 것인가?"라는 것이다. 그 답변은, 그 의는 우리의 보증이 만들어낸 것이며 그 순종은 우리의 후원자가 우리를 대신하여 율법에 대해 드린 것 즉, "우리 하나님과 구주 예수 그리스도의 의"이다(벧후 1:1). 이 의는 "예수 그리스도를 믿음으로 말미암아 모든 믿는 자에게 미치는" 그리고 주어진다(롬 3:22). 이 의를 "하나님의 의"라고 부르는 것은 하나님인 동시에 사람인 중보자의 의이기 때문이다. 그것은 사도행전 20장 28절에서 중보자가 흘린 피를 "하나님의 피"라고 부르는 것과 마찬가지 방식이다.

바울이 로마서에서 그토록 빈번하게 언급하는 "하나님의 의"는 하나님의 성품이 갖는 본질적인 의를 가리키지 않는다. 하나님의 본성적 의는 어떤 피조물에게 전가 혹은 법률적 이전이 가능할 리가 없기 때문이다. 유대인들이 "하나님의 의를 몰랐다"는 로마서 10장 3절의 진술은 유대인들이 하나님의 올곧은 성품에 관해 무지하였다거나 하나님의 정의로운 성품을 전혀 몰랐다는 의미가 아니다. 그 표현은 유대인들은 신인양성의 중보자가 자기 백성을 위해 대속적으로 성취한 의를 깨우침 받지 못하였다는 의미이다. 이 사실은 해당 구절의 그 뒷부분 즉, "자기 의를 세우려고"라는 표현을 통해 매우 분명하게 드러난다. 이 부분에서도 "자기 의"는 유대인들 자신의 본성적 의 혹은 정의를 가리키지 않고 하나님께서 자신들을 받아줄 공로를 쌓기를 소망하여 행하는 행위를 가리킨다. 이 망상을 유대인들은 단단히 붙잡았다. "하나님의 의를 복종치 아니하였"다. 즉, 자기 의로부터 돌이켜 성육신한 아들 하나님의 순종과 고난을 신뢰하기를 거절하였다.

▬▬▬ 그리스도의 의의 전가는 무엇을 의미하는지를 설명하고자 한다. 우리 신학자들은 때때로 이 표현을 광의의 의미로 받아들여, 우리를 죄책으로부터 벗어나게 하고 하나님 앞에 의로운 존재가 되게 하는 구속을 위해 그리스도께서 행하고 겪은 모든 것의 전가라고 이해한다. 그렇다면 그리스도의 속죄와 순종 이 두 가지의 전가를 의미한다. 그러나 여기에서 나는 그 용어를 좀 더 엄밀하게 받아들여, 그리스도의 순종에 있는 의 혹은 도덕적 선의 전가라고 이해한다. 그렇다면 '우리에게 전가되는 순종'이라는 말은 우리 자신 안에 존재해야 하는 완벽하며 내재적인 의를 대신하여 그리스도의 의를 우리의 것으로 건네받고 인정받는다는 뜻에 다름 아니다. 즉, 그리스도의 완전한 순종을, 그 혜택을 우리가 누리도록 하기 위해 마치 우리 자신이 실행한 것처럼 우리의 것으로 간주하겠다는 것이다. 그래서 우리는, 영생에 들어갈 자격은 그리스도의 의의 상급으로 우리에게 주어지는 것이라고 생각한다"(조나단 에드워즈).

우리가 지금 고찰하고 있는 칭의교리의 측면에 가장 명료한 빛을 던지는 성경구절은 "하나님이 죄를 알지도 못하신 자로 우리를 대신하여 죄를 삼으신 것은 우리로 하여금 저의 안에서 하나님의 의가 되게 하려 하심이니라"라는 말씀이다(고후 5:21). 여기에서 쌍방향의 전가를 언급한다. 즉, 우리의 죄악을 그리스도께로 전가하고, 그리스도의 의를 우리에게로 전가한다. 이 구절의 가르침은 대단히 중요하기 때문에, 그 용어를 좀 더 철저히 살펴보자. 그리스도는 어떻게 우리를 대신하여 죄가 되셨나? 우리의 불순종 혹은 우리가 율법을 범한 것을 하나님께서 그리스도께 전가하심으로써 죄가 되셨다. 그것은 하나님께서 그리스도의 순종을 우리에게 전가해주심으로써 즉, 그리스도께서 우리를 대신하여 율법의 계명을 성취함으로써 우리가 "(우리 자신 안에서가 아니라) 그리스도 안에서 하나님의 의가 되는 것"과 마찬가지 방식이다.

그리스도는 내적인 불결 혹은 개인적 범행이라는 점에서는 전혀 "죄를 알지도 못"한 것처럼, 우리는 율법에 대한 내적 순응 혹은 율법에 대한 개인적 순종이라는 점에서는 우리 자신의 의를 알지도 혹은 소유하지 못하였다. 그리스도는 우리의 죄악을 자기 것처럼 대신 받아들여 혹은 법률적으로 혐의를 뒤집어쓰고 죄가 되었다. 그리스도 자신이 범법행위를 함으로써 죄가 된 것은 아니었다. 마찬가지로 우리는 우리 자신의 경건한 행위에 의해 의롭게 되지 않았다. 그리스도는 부패의 주입에 의해 죄가 되지 않았고, 우리는 거룩의 주입에 의해 의롭게 되지 않았다. 우리의 중보자는 개인적으로는 거룩하지만 우리를 법률적으로 대신함으로써 공식적으로 하나님의 분노를 대신 받았다. 마찬가지로 우리는 개인적으로는 거룩하지 않지만 그리스도와 법률적으로 동일하게 취급됨으로써 하나님의 은총을 받을 자격을 갖게 되었다. 그리스도께서 우리를 대신하여 죄가 된 결과는 "여호와께서는 우리 무리의 죄악을 그에게 담당시키셨도다"였다(사 53:6). 마찬가지로 그리스도의 순종이 우리의 것으로 간주된 결과는 하나님께서 "모든 믿는 자에게" 의가 미치도록 하시는 것이다(롬 3:22). 우리의 죄악은 그리스도께서 고난을 받아 정의를 충족시킨 행위의 법률적 근거였던 것처럼 그리스도의 의는 우리가 하나님께 받아들여지고 우리가 용서받는 것이 정의의 행위가 되는 법률적 근거이다.

고린도후서 5장 21절을 세심하게 살펴보라. 히브리서 10장 7절에서는 아들 하나님이 흔쾌히 묵종한 듯 한 그 일을 고린도후서 5장에서는 하나님께서 그리스도를 우리를 법률적으로 대신하여 죄가 되도록 만드셨다.

▬▬▬ "그리스도는 전가에 의해 죄가 되셨다. 즉, 자신의 모든 백성의 죄를 자기에게로 옮겼고, 자기에게 올려놓았고, 자신이 대신 담당하셨다. 그렇게 죄악을 전가 받은 결과 그리스도는 하나님의 정의에 의해 마치 죄인이었을 뿐만 아니라 죄악 덩어리로 취급

받았다. 죄가 된다는 것은 죄인이 된다는 것보다 강력한 표현이다"(존 길).

"우리로 하여금 저(그리스도)의 안에서 하나님의 의가 되게 하려 하심이니라"라는 말씀은 하나님 앞에서 법률적으로 의로운 존재가 된다. 즉, 의롭다고 여겨진다는 의미이다.

▪ "우리 자신 안에서가 아니라 '그리스도' 안에서 의가 되는 것이다. 그러므로 그것은 그리스도의 의를 의미할 수밖에 없다. 만유 위에 계신 하나님, 참된 하나님, 영원한 생명이신 그리스도께서 이룬 의이기 때문에 그리스도의 의라고 부른다"(존 길).

고린도후서 5장 21절에서 있었던 상호교환은 갈라디아서 3장 13절, 14절에서 다시 언급된다.

그리스도께서 우리를 위하여 저주를 받은바 되사 율법의 저주에서 우리를 속량하셨으니 기록된바 나무에 달린 자마다 저주 아래 있는 자라 하였음이라 이는 그리스도 예수 안에서 아브라함의 복이 이방인에게 미치게 하고 또 우리로 하여금 믿음으로 말미암아 성령의 약속을 받게 하려 함이니라

그리스도는 자기 백성의 보증으로서 율법 아래에 놓이셨고(갈

4:4), 자기 백성을 법률적으로 대신하셨다. 그리스도는 자기 백성의 모든 죄악을 자기에게로 전가하셨기 때문에 율법은 그 모든 죄악을 그리스도에게서 발견하였고, 백성 대신에 그리스도를 정죄하였다. 그래서 하나님의 정의는 그리스도를 십자가의 저주받은 죽음에 내어주셨다. 이렇게 한 결과뿐만 아니라 목적은 "아브라함의 복이 이방인에게 미치게 하"는 것이었다. "아브라함의 복"은 (로마서 4장이 보여주는 것처럼) 믿음에 의해 그리스도의 의를 통하여 의롭다 하심을 받는 것이었다.

> "내가 살지 않은 생명에 입각하여,
> 내가 죽지 않은 죽음에 입각하여;
> 타인의 죽음, 타인의 생명,
> 나는 내 영혼을 영원토록 안식케 하리라."

# 4

# 칭의의 본성

Justification by Faith

엄격하게 말하자면, 칭의는 하나님께서 자신의 택자들에게 그리스도의 의를 전가하는 것에 있다. 그것만이 하나님께서 택자들을 의롭다고 선언하는 공로적 원인 혹은 형식적 근거이다. 그리스도의 의는 하나님께서 죄인을 용서하시고 받아들이실 때 고려하는 사항이다. 칭의의 본성이라는 말은 신자가 향유하는 칭의의 구성요소를 가리킨다. 죄책 혹은 죄 용서에 대해서는 그리고 둘째로, 신자에게 하늘에 들어갈 법률적 자격 수여에 대해서는 전가가 없다. 하나님께서 어떤 사람의 죄를 용서하시고 그를 법률적 은총을 받도록 허용하시는 유일한 근거는 그를 대신한 보증의 대속사역 즉, 그리스도께서 그 사람을 대신하여 율법에 드린 완전한 속죄사역이다. 그리스도께서 자기 백성을 "율법의 저주에서" "속량"하기 위해(갈 3:13) 그 뿐만 아니라 "아들의 명분을 얻

4. 칭의의 본성 **69**

게 하기" 위해(갈 4:4, 5) 즉, 자녀의 특권을 부여받도록 하기 위해 율법 아래에 놓였다는 사실을 명확히 하는 것은 지극히 중요하다.

칭의 교리는 루터, 칼빈, 잔키우스, 피터 마터 버미글리 등과 같은 개혁가들이 순정하고 명석하게 선포한 위대한 교리였다. 그러나 17세기에 이 위대한 교리는, 단지 피상적일 뿐인 지식을 가진 사람들에 의해 부패되기 시작하였다. 그들은 칭의가 사람을 하나님의 법률적 은총 안으로 적극적으로 불러들인다는 점을 배제한 채 단지 죄책의 제거 혹은 죄 용서에만 있다고 가르쳤다. 다른 말로 하자면, 칭의를 지옥에 가지 않게 해주는 것으로 제한하였고 따라서 천국에 들어갈 자격도 제공한다는 점을 놓쳤다. 존 웨슬리(John Wesley)가 이 오류를 영속화시켰고 플리머스 형제단(Plymouth Brethren)[3]이 그 뒤를 이었다. 이들은 그리스도의 의가 신자들에게 전가된다는 점을 부인하고 신자가 영생에 들어갈 자격을 그리스도의 부활에 연합하는 것에서 찾는다. 오늘날 칭의의 이중적인 내용을 분명하게 표명하는 사람이 거의 없다. 모든 믿는 자에게 전가되는 그 의의 본성을 이해하는 사람이 거의 없기 때문이다.

---

3　[역자 주] 플리머스 형제단은 1820년대에 아일랜드 더블린에서 만들어진 "교파"이다. "동등한 신앙공동체"로서의 교회를 지향하고, 그 중심인물은 "세대주의"로 널리 알려진 존 넬슨 다비(John Nelson Darby, 1800-1882)이다. 우리나라에는 일제시대에 노리마쓰 마사야스(?松雅休, 1863-1921)가 경기도 수원에 "성서강론소"를 개설하면서 "형제교회"라는 이름으로 소개되었고 "지역교회"라고도 한다. 1917년에 조선 총독부에 "기독동신회"라는 종교단체로 등록하였다. 실제로는 기독동신회와 형제교회는 별개의 조직이다.

플리머스 형제단의 표준적인 가르침을 잘못 설명하지 않았음을 입증하기 위해, 플리머스 형제단의 저명한 성경학자인 켈리(William Kelly, 1821-1906)[4]의 로마서 주석에서 일부분을 인용하겠다. 켈리는 그 서문에서 "일반적인 의미에서 '하나님의 의'를 하나님의 속성 혹은 특질의 하나로 이해하지 못하도록 가로막는 것은 없다"라고 진술한다(35쪽). 그런데 하나님의 "속성" 혹은 "특질"이 어떻게 "모든 믿는 자에게" 미칠 수 있을까?(롬 3:22) 켈리는 "하나님의 의"와 "그리스도의 의"가 하나요 동일한 것임을 인정하려들지 않는다. 그래서 켈리는 (신자에게 전가되는 "의"를 그토록 많이 언급한) 로마서 4장을 다룰 때에는 아브라함에 관해 "아브라함은 하나님의 말씀을 믿는 믿음을 발휘하였고 그 믿음이 의로 간주되었다"(47쪽)는 말로 의는 곧 우리 자신의 믿음에 다름 아니라고 주장함으로써 그 축복된 가르침 전체를 제거하였다.

신자에게 전가되는 "그리스도의 의"는 완벽한 순종과 죽음, 두 가지로 구성된다. 완벽한 순종은 그리스도께서 하나님의 율법의 명령에 대해 드린 것이고, 죽음은 율법의 형벌을 받아 죽은 것이다. 조나단 에드워즈가 다음과 같이 올바르게 진술하였다.

> "그리스도께서 우리가 포상을 받도록 우리를 대신하여 율법을 순종할 필요성과, 우리가 형벌을 모면하도록 우리를 대

---

4 [역자 주] 윌리엄 켈리는 J. N. Darby의 논문과 설교 전체를 32권의 전집으로 편찬한 인물이다.

신하여 율법의 형벌을 감당할 필요성, 이 두 필요성은 동일한 것이다. 한쪽이 우리의 것으로 간주되어야 하는 이유와, 다른 쪽이……이유, 이 두 이유는 동일한 것이다. 그리스도께서 고난에 의해 우리를 속량하려고 행하는 모든 것이 그리스도를 단지 부분적으로만 구세주로 만든다고 가정하는 것은, 구세주로서 그리스도가 받아야 할 영광의 절반을 강탈하는 것이다. 정말 그렇다면 그리스도가 행하는 모든 것은 우리를 지옥에서 구원하는 것이다. 우리를 위해 천국을 획득하지 않는 것이다"(조나단 에드워즈).

그리스도께서 자기 백성을 위해 천국을 "획득"한다는 관념에 반대하는 사람이 있다면, 즉시 에베소서 1장 14절을 살펴보아야 할 것이다. 여기에서 천국을 가리키는 용어로 "값을 치르고 산 소유물"이라는 뜻의 단어 "페리포이에시스"(peripoi,hsij)를 사용한다.

신자의 보증물이 신자를 대신하여 율법에 드린 완전한 순종을 신자의 것으로 전가해주는 것을 다음과 같은 진술로 명백하게 가르친다.

> 그런즉 한 범죄로 많은 사람이 정죄에 이른 것같이 의의 한 행동으로 말미암아 많은 사람이 의롭다 하심을 받아 생명에 이르렀느니라 한 사람의 순종치 아니함으로 많은 사람이 죄인 된 것같이 한 사람의 순종하심으로 많은 사람이 의인이 되리라 _**롬 5:18,19**

여기에서 첫 아담의 "범죄" 혹은 "불순종"을 마지막 아담의 "의" 혹은 "순종"에 대립시킨다. 첫 아담의 불순종은 율법을 실제로 범하는 것이었기 때문에 마지막 아담의 순종은 반드시 율법을 적극적으로 순종하는 것이어야 한다. 그렇지 않으면 바울의 대립구조가 갖는 설득력은 전적으로 실패할 것이다. 이 핵심요점(복음의 일차적 영광)은 지금 별로 이해받지 못한다. 심지어 논박당하기까지 한다. 따라서 좀 더 상세하게 다루지 않으면 안 된다.

믿음에 입각하여 의롭다 하심을 받은 자는 하나님과 이중적인 관계를 맺었다. 첫째, 그는 율법 아래에 태어났고 책임을 져야 할 피조물이었다. 둘째, 그는 율법을 범한 범죄자였다. 그의 죄성 때문에 율법을 순종할 책임이 없어지지 않았다. 그것은 마치 자기 돈을 무분별하게 허비한다고 해서 빚을 갚을 의무가 없어지지 않는 것과 같다. 결과적으로, 칭의는 두 부분 즉, 죄책 혹은 율법의 정죄로부터의 사면(지옥으로부터의 구원)과 율법의 승인(천국으로 들어갈 법률적 자격) 선고에 입각하여 하나님의 은총으로 받아들여지는 것으로 구성된다. 그러므로 하나님께서 신자를 의롭다고 선언하시는 근거 역시 이중적이다. 그리스도의 완벽한 속죄사역 하나를 두 개의 판명한 부분으로 구별되기 때문이다. 즉, 율법의 명령에 대한 대리적 순종이라는 부분과 율법의 형벌을 받아 대리적 죽음이라는 부분, 똑같이 단일한 구속사역을 구성하는 이 두 부분의 공로가 믿는 자에게 전가 혹은 믿는 자의 것으로 간주되었기 때문이다.

이 입장에 반대하여 "율법은 어떤 누구에게도 순종과 죽음을 요구하지 않는다"라고 이의를 제기한 자들이 있다. 이 반대의견에 대해 본인은 제임스 허비(James Hervey, 1714-1758)의 말을 아래에 인용하는 것으로 답하겠다.

■ "그러나 율법은 범법자에게 순종과 죽음을 요구하지 않았는가? 만일 그렇지 않다면 범법은 율법에게서 그 권리를 강탈하고 모든 책무를 순종에게 떠넘긴다. 율법은 죄인을 대신하여 그 보증에게 순종과 죽음을 요구하지 않았는가? 그 보증이 단지 죽을 뿐이라면 그 보증은 단지 형벌로부터만 구원해준다. 그러나 이것은 생명에 대한 권리, 포상을 받을 자격을 –만일 당신이 하늘 법정으로부터 이와 같은 판결을 받아내지 못한다면– 전혀 제공해주지 않는다. '이것을 견뎌라. 그리하면 네가 살리라.' 그런데 성경에는 '또 주의 종이……이를 지킴으로 상이 크니이다'라는 말씀이 있다 (시 19:11). 그렇지만 어디에도 '주의 저주를 견딤으로 동일한 상을 받는다'라는 말씀은 없다. 반면에, 우리 주님의 인격의 신성한 영광에 의해 무한한 공로와 무한한 효력을 낳는, 적극적 순종과 수동적 순종 즉, 평화를 주는 피와 생명을 주는 의, 이 둘을 결합시키면 우리의 칭의가 정말 충분하게 나타난다! 얼마나 견고하게 확립되는지 모른다!" (1750년)[5]

---

5 [역자 주] The whole works of the Rev. James Hervey(6 vols., 1825) 4권, 140쪽.

신자가 죄를 조금도 갖지 않고 하나님 앞에 서는 것으로는 충분치 않다. 이것은 단지 소극적일 뿐이다. 하나님의 거룩성은 우리 소유의 적극적인 즉, 하나님의 율법을 완벽하게 준수한다는 의를 요구한다. 그러나 우리에게는 율법을 준수할 능력이 없다. 그러므로 우리의 후원자가 우리를 대신하여 율법의 요구를 충족시켰다. 우리의 복된 대속자의 피 흘림은, 그가 대속시킨 모든 자들에 대해 지옥문을 영원토록 닫아버렸다. 우리의 복된 담보의 완벽한 순종은 모든 믿는 자에 대해 천국문을 활짝 열어 놓는다. 두려움 없이 그리고 하나님의 충만한 은총의 찬란한 광채 속에서 하나님 앞에 설 나의 자격은, 그리스도께서 나에게 "의"가 되어주셨기 때문이다(고전 1:30). 그리스도는 나의 모든 부채를 갚아주셨을 뿐만 아니라 나의 모든 책무를 충분히 이행해주셨다. 율법을 주신 분이 나를 위해 율법을 성취하신 분이다. 그리스도의 모든 거룩한 열망, 베들레헴으로부터 갈보리에 이르는 주 예수의 모든 경건한 생각, 모든 은혜로운 말씀, 모든 의로운 행위는 하나로 결합하여 "가장 좋은 옷"을 이룬다. 왕의 자손은 그 옷을 입고 하나님 앞에 도열한다.

서글픈 말이지만, 광범위하게 읽히고 전반적으로 존경을 받는 저자의 한 사람인 로버트 앤더슨(Robert Anderson) 경은 복음과 복음사역(Gospel and Its Ministry, 1923)이라는 저서의 제13장(피에 의한 칭의)에서 "대리적 순종은 이성을 전적으로 뛰어넘는 관념이다. 의와 진리의 하나님이 어떻게 율법을 어긴 사람을, 그가 아닌 다른 누군가가 율법을 지켰다는 이유로 율법을 준수한 사람으로 간주하실 수 있단 말인가? 도둑을 그 이웃 혹은 친족이 선량한 시민이라는 이유로 정직한 사람이라고 선언하지 않는다"라고 말한다. 하나님께서 "각종 지혜"를 발휘한 처결을 죄로 오염된 인간의 이성의 수준으로 정말 비참하게 끌어내리고 세속적인 관계에 의해 재단하는 짓이다! 사람에게 불가능한 것이 하나님께는 가능하다. 로버트 앤더슨은 지극히 높으신 하나님께서 이사야의 입술로 선포한 말씀을 결코 읽어본 적이 없는가?

> 그러므로 내가 이 백성 중에 기이한 일 곧 기이하고 가장 기이한 일을 다시 행하리니 그들 중의 지혜자의 지혜가 없어지고 명철자의 총명이 가리워지리라 _사 29:14

이것은 "인간의 영역에서 무죄와 의는 그 결과에 있어서는 옮길 수 있다. 하지만 그것들 자체로는 옮길 수 없다"라는 주장이다. 여기에서 나오는 주장은, 죄도 의도 그 자체로는 결코 옮겨질 수 없다는 주장과 비록 하나님께서 그리스도를 마치 죄인처럼 취급하고 신자를 마치 의인처럼 다루시더라도 우리는 실제로는 어떤 경우도 가능하지 않다고 생각해야 한다는 주장이다. 그렇다면 그리스도께서 저주를 받아 마땅했다고 단언하거나 그의 백성이 하늘에 들어갈 자격이 있다고 단언해서도 안 된다는 주장도 나온다. 이런 것은 타락한 시대의 신학적 무지를 보여주는 명확한 사례이다. 하나님께 속한 것들을 어떻게 인간의 기준으로 측량하는지를, 그리고 전가라는 근본적 진리를 이런 궤변에 의해 지금 어떻게 논박하고 있는지를 보여주는 대표적인 사례이다.

윌리엄 러쉬튼(William Rushton)이 개별적인 구속(Particular Redemption, 1831)이라는 저서에는 "우리 하나님은 우리의 구원이라는 커다란 일을 단독으로 행하신다. 이 지극히 영광된 사역에서 정의, 자비, 지혜, 능력을 사람이 결코 상상도 못했던 식으로 결국, 유한한 존재가 흉내도 못 낼 방식으로 펼치신다. '이 일을 이전부터 보인 자가 누구냐 예로부터 고한 자가 누구냐 나 여호와가 아니냐 나 외에 다른 신이 없나니 나는 공의를 행하며 구원을 베푸는 하나님이라 나 외에 다른 이가 없느니라'(사 45:21)"라고 올바르게 주장하였다. 사안을 본질적으로 보자면, 우리의 죄악을 그리스도께로 그리고 그리스도의 순종을 우리에게로 하나님께서 전가하신 것과 비슷한 어떤 것도 인간의 처결방식에서는 찾을 수 없다. 그리스도와 그 백성들 사이에서 통용되는 것과 같은 연합은 세속적인 관계에서는 결코 존재하지 않기 때문이다. 그러나 이 쌍방향의 전가를 좀 더 상세하게 설명하겠다.

주 예수께서 경험하신 고통은 인간들에 의한 고난일 뿐만 아니라 하나님이 가하시는 형벌을 감당하는 것이었다. 하나님은 "여호와께서 그로 상함을 받게 하시기를 원하사"(사 53:10)," "만군의 여호와가 말하노라 칼아 깨어서 내 목자, 내 짝된 자를 치라(슥 13:7)"라고 명령하셨다. 그러나 합법적인 처벌은 유죄성을 전제한다. 의로운 하나님은 그리스도께서 마땅히 처벌을 받을만하지 않았더라면 결코 율법의 저주를 부과하지 않으셨을 것이다. 우리도 잘 알고 있는 이 진술은 성경적 근거가 충분한 강력한 진술이다. 만일 냉담한 사람들을 일깨우고자 한다면 오늘날 강력하고 분명하게 실상을 진술할 필요가 있다. 하나님께서 자기 백성의 모든 죄악을 백성들의 대속자에게 옮겨놓으셨다는 바로 그 이유 때문에 공식적으로 그리스도는 마땅히 죄의 삯을 받으셔야 했다.

우리 죄악을 그리스도께로 옮기는 것을 율법에서 명확하게 예표하였다.

> 아론은 두 손으로 산 염소의 머리에 안수하여 (대속물과 동일하게 간주되고) 이스라엘 자손의 모든 불의와 그 범한 모든 죄를 고하고 그 죄를 염소의 머리에 두어 (전가하고) 미리 정한 사람에게 맡겨 광야로 보낼지니 염소가 그들의 모든 불의를 지고 무인지경에 이르거든 그는 그 염소를 광야에 놓을지니라  _레 16:21, 22

선지자 이사야도 다음과 같이 명확하게 진술하였다.

> 여호와께서는 우리 무리의 죄악을 그에게 담당시키셨도다……나의 의로운 종이……그들의 죄악을 친히 담당하리라  _사 53:6, 11

위대한 메시아 시(詩)인 시편 69편에서 구속자는 "하나님이여 나의 우매함을 아시오니 내 죄가 주의 앞에서 숨김이 없나이다"라고 외친다(5절). 흠 없는 구속자가 만일 자기 백성의 죄악을 짊어지지 않았더라면 어떻게 이렇게 외칠 수 있겠는가? 하나님께서 죄인의 보증인 그리스도께 죄를 전가시킨 뒤에 그리스도께 바로 그 죄에 대한 혐의를 제기하고 그에 따라 대우하셨다. 만일 먼저 백성들의 죄책을 그리스도께 전가하지 않았다면 그리스도는 죄인들을 대신하여 고통을 겪을 수 없었을 것이다. 그리스도께서 받으신 고통은 형벌이었다. 하나님은 구원받는 모든 사람의 불법을 (우리에 대한) 초월적 은혜의 행위에 의해 그리스도께 올려놓았다. 결과적으로, 하나님의 정의는 그리스도에게서 죄를 발견하고 처벌하였다. 죄를 묵과할 의사가 전혀 없는 하나님은 반드시 죄를 철저히 응징하고, 죄인 자신이든 죄인을 대신하는 자이든 막론하고 죄를 짊어진 자를 치셔야 한다. 비숍(G.S. Bishop)은 "정의가 일단 하나님의 아들을 때리면 정의는 지친다. 죄는 무한한 목적물 속에서 벌금을 치렀다"라고 잘 말했다. 그리스도의 속죄는 우리의 법률적 처리방식과 상반되었다. 왜냐하면 전자는 후자의 유한한 한계를 뛰어넘었기 때문이다.

하나님은 신자의 죄악을 그리스도께 전가하고 즉, 옮겨놓고 그에 따라 그리스도를 처리하였다. 즉, 율법의 저주(죽음)를 그리스도께 부과하셨다. 마찬가지로 하나님은 그리스도의 순종 혹은 의를 신자에게 전가하고 즉, 옮겨놓고 그에 따라 율법의 축복

(생명)을 신자에게 부과하셨다. 누구든지 간에 이 사실을 부정하는 어떤 것도 복음의 핵심원리를 거부하는 것이다. 믿음을 가진 죄인은 그리스도를 자신의 대속자로 받아들이는 그 순간, 자신의 죄악으로부터 해방되고 포상을 받는다. 그는 그리스도의 영광과 공로 때문에 하늘 전체를 얻는다(롬 5:17). 우리가 지금 언급하고 있는 속죄는 절대적 상호교환의 하나이다(벧전 3:18). 그 속죄는, 우리가 문자적으로 그리스도를 대신하도록 그리스도께서 문자적으로 우리를 대신하셨다는 것이다. 즉, 하나님은 그리스도를 죄인으로 간주하고 대우하셨고, 믿음을 가진 죄인을 그리스도로 간주하고 대우하신다는 것이다.

■■■■ "사람이 죄를 용서받는 것으로는 충분치 않다. 물론 죄를 용서받은 사람은 무죄하다. 죄는 씻겨졌고, 아담이 죄를 짓기 전에 에덴동산에 있었던 것과 같은 상태로 되돌아갔다. 그러나 그것으로 충분치 않다. 에덴동산의 아담은 하나님의 명령을 실제로 준수해야 했다. 명령을 어기지 않는 것으로는 혹은, 보혈을 통해서 마치 명령을 어기지 않은 것처럼 간주되는 것으로는 충분치 않다. 반드시 명령을 준수해야 한다. 율법책에 기록된 모든 것을 반드시 지속적으로 행해야 한다. 이 필요성을 어떻게 충족하는가? 사람에게는 반드시 의가 있어야 한다. 그렇지 않으면 하나님께서 용납하지 못하신다. 사람에게는 완전한 순종이 있어야 한다. 그렇지 않은 어떤 경우도 하나님으로부터 상을 받지 못한다"(G.S. Bishop).

비숍이 언급한 필요성과 완전한 순종은 오로지 그리스도의 완전한 삶에서만 즉, 그리스도께서 십자가에 매달리기 전에 율법에 순종하여 살았으며 신자의 소유로 간주되는 삶에서만 찾을 수 있다. 하나님은 실제로 의롭지 않은 자를 의로운 자로 취급하시는 것이 (소설에서는 통하겠지만 성경적인 의미는 그런 것이) 아니다. 하나님은 신자를 실제로 의로운 자로 만드신다. 거룩한 본성을 신자의 마음에 주입하는 방식이 아니라 그리스도의 순종을 신자의 것으로 간주하는 방식에 의해 그렇게 하신다. 그리스도의 순종은 법률적으로 신자에게로 옮겨진다. 따라서 신자는 하나님의 법에 의해 올바르게 정의롭게 의인으로 간주된다. 이것은 하나님께서 의로운 자라고 선언하는 판결을 내릴 충분한 근거가 전혀 없는 자에 대한 의의 선포에 불과한 그런 것보다 훨씬 더 고차원적이다. 그렇다. 하나님의 적극적이며 사법적인 행위이다.

> "그리스도의 중보사역을 고찰해보면, 그리스도는 모든 신자에게 참되고 실질적이며 완전한 의를, 심지어 그리스도 자신까지도 유효적으로 넘겨주신다. 그리고 그리스도 자신의 것을 신자들의 것으로 간주한 뒤에, 자신의 은혜로운 행위에 입각하여, 신자들의 죄를 사해주시고 영생에 들어갈 권리와 자격을 주신다"(존 오웬, The Doctrine of Justification by Faith, 1677).

하나님께서 죄를 그리스도께로 전가하고 그리스도의 의를 자기 백성에게로 전가하는 이 상호 전가를 행하시는 근거를 지적할 차례이다. 그 근거는 영원한 언약이었다. 죄인을 구제하기 위해 무죄한 자가 고난을 받아야 한다는 주장이 부당하다는 반론은, 그리스도의 언약적 머리되심과 그 책임성을 그리고 그리스도께서 죄를 대신 감당해주신 자들이 그리스도와 언약적으로 하나가 되었다는 사실을 확인하기만하면 설득력을 전적으로 상실한다. 그리스도께서 대신 죽어주신 자들과 그리스도 사이에 연합이 존재하지 않았더라면 대속적 희생같은 것은 존재하였을 리가 없다. 연합의 관계는 그리스도께서 죽기 전에, 우리의 죄가 그리스도께 전가되기 전에 존재하였음에 틀림없다. 그리스도는 자기 백성에 대해 보증인으로서의 관계를 맺고 있었기 때문에 자기 백성을 대신하여 율법을 완전히 충족시킬 책임을 떠맡았다. 그러나 그리스도께서 자기 백성의 담보로 처신하는 것을 정당화한 것은 무엇인가? 그리스도는 그들의 대속자였기에 그들의 담보가 되었다. 그리스도는 그들을 대신하였기 때문에 그들을 대신하여 행동하셨다. 그렇다면 무엇이 그 "대리"를 정당화해주었는가?

영원한 언약적 일체화라는 위대한 가르침을 파악할 때까지는 이 마지막 질문에 결코 만족스러운 대답을 하지 못한다. 저변에 깔린 기초이기 때문이다. 구속자와 구속받는 자들 사이의 연방적 연합, 창세전에 구속받는 자들을 그리스도 안에서 선택하여 (엡 1:4) 법률적 연합을 확립토록 한 것은 다른 모든 것을 해명하고 정당화하는 유일한 것이다.

> 거룩하게 하시는 자와 거룩하게 함을 입은 자들이 다 하나에서 난지라 그러므로 형제라 부르시기를 부끄러워 아니하시고 _히 2:11

그리스도는 자기 백성들에 대해 언약적 머리로서의 관계를 맺었다. 그래서 자기 백성들의 책무는 필연적으로 그리스도의 책무가 되었다. 그리고 우리 또한 그리스도와 맺은 언약적 관계를 통해 그리스도의 공로는 필연적으로 우리의 공로가 된다. 그러므로 우리는 앞 장에서 언급한 것처럼 대리, 동일시, 전가, 이 셋은 언약적 하나 됨에 입각하는 것으로서 과정 전체를 이해하고 요약하는 열쇠를 우리에게 제공해준다. 그리스도는 우리와 하나이기 때문에 즉, 그는 우리와 동일시되었고 우리는 그와 동일시되었기 때문에, 우리를 대리하였다. 따라서 하나님은 그리스도를 대신하여 우리를 가치 있는 존재로 다루시고 자기에게로 받아들이신다. 성령 하나님께서 저자와 독자 모두에게 이 경이롭고 복된 진리를 깨닫는 마음을 주시고, 감사가 흘러넘쳐 우리를 사랑하고 우리를 위해 자신을 내어준 이에게 더 충분한 헌신을 드리게 해주시길.

# 5

# 칭의의 원천

Justification by Faith

앞에서 이미 다룬 그 근거를 여기에서 간략하게 검토해보자. 첫째, "의롭다 하다"라는 말은 "의롭다고 선언한다"라는 의미라는 것을 확인하였다. 그것은 하나님의 행함이 아니라 하나님이 내리는 평결, 최고법정의 선고이며, 율법의 모든 요구조건들을 완벽하게 충족시켰다는 선언이다. 칭의의 선언은 신자에게 온 세상의 재판장이 자기에게 적대적이지 않고 우호적이라는 즉, 정의 그 자체가 자기편이라는 확신을 준다. 둘째, 이 사실로 인해 야기된 위대한 그러나 겉보기에는 풀 수 없는 것처럼 보이는 문제를 고찰하였다. 그 문제는, 진실하신 하나님이 어떻게 의가 완벽하게 결핍되어 있는 자를 의롭다고 선언할 수 있는지, 죄인을 어떻게 법률적 은총 안으로 받아들일 수 있는지, 어떻게 정의를 경멸하지 않은 채 자비를 베풀 수 있는지, 어떻게 은혜를 베풀면서도 율법의 지엄한 명령을 집행할 수 있는지 이다. 셋째, 이 문제에 대한 해답은 성육신한 아들이 하나님의 율법에 대해 드린 완전한 속죄에 있다는 것과, 그 속죄에 근거하여 하나님은 복음을 참으로 믿는 모든 사람을 의롭다고 진실되고 올바르게 선언하실 수 있다는 것을 살펴보았다.

필자가 앞 장에서 지적한 것은, 그리스도께서 하나님의 율법에 드린 속죄는 의롭다 함을 받아야 할 자의 이중적 필요성에 부응하여 두 부분으로 판명하게 구별된다는 점이다. 첫째, 책임을 진 피조물로서 나는 율법을 준행해야 할 구속력 있는 책무를 지고 있다. 예를 들면, 하나님을 온 마음을 다해 사랑하고 이웃을 내 몸같이 사랑해야 할 책무가 있다. 둘째, 죄인으로서 나는 생각과 말과 행위를 통해 지속적으로 범한 율법의 정죄와 저주 아래에 있다. 그러므로 만일 다른 누군가가 나의 보증인으로 행동하고 나를 대신하여 배상하고자 한다면 반드시 율법의 모든 명령을 완벽하게 순종해야 하고 율법의 무서운 형벌을 감당해야 한다. 주 예수께서 자신의 대속적 삶과 대속적 죽음을 통해 수행하고 성취한 것은 정확하게 이것이다. 그리스도는 율법의 모든 요구를 충족시켰다. 그리스도는 신자의 모든 책무를 충분히 이행하였다.

그리스도의 순종을 다른 사람들의 것으로 전가할 수 없다고 이의를 제기한 이들이 있어왔다. 인간으로서 그리스도는 율법 아래에 놓였으며(갈 4:4) 따라서 율법에 대한 복종은 본래 자신의 책무였다는 것이 그 이유였다. 이것은 심각한 잘못이다. 인자 예수 그리스도의 절대적 독특성을 파악하지 못한 데에서 발생한 오류이다. 우리와는 달리 그리스도는 결코 아담의 언약 아래에 놓이지 않았다. 그러므로 율법에 빚진 것이 없었다. 게다가 그리스도의 인성은 결코 별개의 존재로 분리되지 않았다. 영원한 아들은 동정녀의 태속에서 마리아의 씨를 취하여 자신의 신성과 결합시켰다. 그래서 첫 사람은 땅 즉, 흙에 속하였지만 "둘째 사람은 하늘에서 나신" 주(主)이시다(고전 15:47). 그런 존재이기 때문에 그리스도는 율법보다 무한히 우월하고 율법에 갚아야 할 것이 없고 신성의 모든 탁월성을 인격적으로 소유하신다. 심지어 이 땅을 사신 동안에도 "그 안에는 신성의 모든 충만이 육체로 거하"셨다(골 2:9).

하나님인 동시에 사람인 중보자가 율법 아래에 놓인 것은 전적으로 자기 백성을 위해서였다. 그리스도는 자기 백성을 위한 완전한 의를 만들어서 주기 위해 종의 형태를 취하였고 죽음에 이르기까지 순종하셨다. 지금까지 언급한 것은 이 복된 진리에 반하여 제기된 또 하나의 어리석은 반론에 대한 대답이다. 그 어리석은 이의란, 만일 사람이신 그리스도 예수의 순종은 단 한 사람에게만 전가해줄 수 있을 것이라는 주장이다. 그 까닭은 모든 사람이 율법에 순종해야 하고, 만일 대리 순종을 하나님께서 용납하실지라도 구원받을 신자와 동일한 수의 별개의 보증물이 존재해야 한다는 것이다. 만일 그 담보가 단지 인간적일 뿐이라면 그 이의는 참일 것이다. 그러나 하나님께서 제공한 담보는 하나님인 동시에 사람인 중보자이기 때문에 그가 성취한 의는 무한하다. 인류 전체가 율법을 완벽하게 준수한 것보다 하늘에서 내려오신 주님의 순종에 의해 율법은 더욱 큰 영광과 찬양을 받았다. 신인적 중보자의 의는 무한한 가치를 가지며, 따라서 하나님께서 그 의를 전가해주기를 원하는 수만큼의 사람에게 유용하다.

어떤 행위의 가치 혹은 공로는 그 행위를 실행하는 인격체의 품격에 비례하여 커진다. 신자를 대신하여, 신자의 자리에서 순종한 그분은 단지 거룩한 사람일 뿐만 아니라 살아 계신 하나님의 아들이시다. 게다가 끈질기게 명심해야 할 사실은, 그리스도께서 율법에 드린 순종은 전적으로 자발적이었다는 점이다. 그리스도는 성육신하기 이전에는 율법에 대해 전혀 책무가 없었다. 그리스도 자신이 (하나님이므로) 율법을 만들었기 때문이다. 그런 그리스도가 여자에게서 태어나고 율법 아래에 놓인 것은 전적으로 그리스도 쪽의 자유로운 행위였다. 우리는 우리 자신의 동의 없이 태어나고 율법 아래에 놓인다. 그러나 하늘로부터 오신 주님은 성육신하기 전에 존재하였고 자신의 자발적 행위에 의해 우리의 본성을 취하셨다.

내가 왔나이다……나의 하나님이여 내가 주의 뜻 행하기를 즐기오니

_시 40:7, 8

그리스도 이외에 다른 어떤 누구도 이런 식의 어법을 사용하

지 못할 것이다. 단지 피조물에 불과한 어떤 존재도 소유하지 못하는 자유 즉, 행하던 행하지 않던 자기 뜻대로 할 자유를 가리키는 것이 분명하다. 자신을 율법 아래에 두고 율법에 순종하는 것은, 오직 자신만의 자발적인 행위에 기초한 것이었다. 그러므로 그리스도의 순종은 "자유의지적 봉헌"이었다. 그러므로 그리스도는 어떤 앞선 책무에 의해 율법에 순종을 해야 했던 것이 아니고 자신에게 반드시 필요했던 것도 전혀 아니었다. 그렇기 때문에 그리스도의 순종은 다른 사람들이 상으로 받도록 전가될 수 있는 것이다.

만일 독자가 지금까지 우리의 주장을 철저히 파악하였다면 성경이 하나님께서 "경건치 아니한 자를 의롭다 하신다"라고 언급할 때 그 말의 의미는, 믿음을 가진 죄인은 율법에 대해 전적으로 새로운 관계를 맺게 되고 그리스도의 의를 넘겨받는 결과로 인해 이제 처벌받아야 할 모든 책임을 면하게 되었고 그리스도의 순종이 초래한 모든 상급을 받을 자격을 부여받았다는 뜻이다. 자신의 서글픈 실패를 자각하며 매일 신음하고 그리스도의 형상에 실제로 순종치 못해서 애통해 하는 양심적인 신자에게 위로를 주는 복되고, 복된 진리이다. 사탄은 늘 이런 신자를 끈덕지게 괴롭히고 헛된 것을 소유하고 있다고 말할 준비를 하고 있다. 그러나 신자의 특권은 "어린양의 피"에 의해 사탄을 물리치는 것이다(계 12:11). 즉, 대속자가 자신의 모든 죄악을 속량하였다는 것과 자신의 무수한 단점에도 불구하고 하나님은 "사랑하시는 자 안에서"

5. 칭의의 원천

여전히 자기를 받아주신다는 것을 새롭게 상기하는 것이다(엡 1:6). 만일 그리스도께서 나를 위해 완성하신 사역에 참으로 의탁한다면, 비록 내가 부주의하게 행할지라도, 사탄은 하나님 앞에서 나를 고발해도 소용이 없다. 하나님은 사탄이 회개하지 않고 고백하지 않은 죄악들로 내 양심을 고발해도 개의치 않으실 것이다.

칭의의 본질을 다룬, 앞 장에서 이 축복의 구성요소는 소극적인 것과 적극적인 것, 두 가지라는 점을 확인하였다. 소극적인 성격의 축복은 죄책의 제거 혹은 죄 용서이다. 다시 말하자면, 신자가 율법을 범한 사항에 관해 하나님의 서류철에 정리된 기록 전체를 그리스도의 보배로운 피로 말끔히 삭제한 것이다. 적극적 성격의 축복은 그리스도의 순종이 확보한 상급을 즉, 생명과 사법적 은총과 하늘 그 자체를 받을, 양도할 수 없는 자격을 신자에게 부여하는 것이다. 율법의 변치 않는 선고는 "율법으로 말미암는 의를 행하는 사람은 그 의로 살리라"라는 것이다(롬 10:5). 로마서 7장 10절에서는 "생명에 이르게 할 그 계명"이라는 표현이 있다. 정말이지. 율법에 대한 불순종이 죽음을 불가피하게 만든 것처럼 율법에 대한 순종은 틀림없이 생명을 얻게 하였다. 젊은 관원은 그리스도께 와서 "내가 무슨 선한 일을 하여야 영생을 얻으리이까"라고 묻자 그리스도께서는 "네가 생명에 들어가려면 계명들을 지키라"라고 대답하셨다(마 19:16,17). 하나님의 백성들이 하나님의 계명들을 지키지 못한 바로 그 이유 때문에 하나님이신 동시에 사람인 중보자가 율법 아래에 놓이셨고 그 백성들을 대신하여 율법에 순종하셨다. 그러므로 중보자가 율법에 순종하여 얻은 "생명"의 상급은 그 중보자가 보증이 되어 대신한 그 백성들의 것이 된다. 그렇다. 그리스도 자신으로 인해 그 백성들에게 주어지도록 된 것이다. 그러므로 그리스도는 자기 백성의 보증인으로서 "아버지께서 내게 하라고 주신 일을 내가 이루어 아버지를 이 세상에서 영화롭게 하였사오니"(요 17:4)라고 선언하여 아버지 하나님께 "아버지께서 아들에게 주신 모든 자에게 영생을 주셔야" 한다고 상기시켰다(2절). 그러나 그리스도는 여기에서 멈추지 않고, 한 걸음 더 나아가 정의에 근거하여 자기 백성을 하늘로 인도해주실 것을 요구하신다.

> 아버지여 내게 주신 자도 나 있는 곳에 나와 함께 있어 아버지께서 창세 전부터 나를 사랑하시므로 내게 주신 나의 영광을 저희로 보게 하시기를 원하옵나이다 _요 17:24

그리스도께서는 자기 백성들에게 줄 영생에 대한 권리를 주장하신다. 이 영생은 자신의 순종으로 완성한 사역에 근거한 상급이다.

> 그런즉 한 범죄로 많은 사람이 정죄에 이른 것같이 의의 한 행동으로 말미암아 많은 사람이 의롭다 하심을 받아 생명에 이르렀느니라 _롬 5:18

첫 아담의 범법은 온 인류에게 율법의 저주를 초래하였다. 반면에 마지막 아담은 율법을 만족시킴으로써 자신이 대변한 모든 사람에게 베풀 율법의 축복을 확보하였다. 정죄에 이르게 하는 심판이라는 것은 영원한 사망 즉, "죄의 삯"을 가리키는 법률 용어이다. "값없는 선물"이라는 것은 그 선물을 받는 모든 사람들을 값없이 의롭다 하심을 베풀어준다고 단언하는 것이다. "의롭다 하심을 받아 생명에 이른다"는 것은 선물을 받는 것 즉, "한 분 예수 그리스도로 말미암아 생명 안에서 왕 노릇 하게 되는 것"이다(17절). 의롭다 하시는 판결은 그 심판대상자에게 영생에 들어갈 자격을 부여하는 것이다.

지금까지는 신자가 의롭다 함을 받을 때에 받는 두 가지 위대한 축복 즉, 율법의 저주(사망)로부터 구원과 율법의 축복을 받을 자격에 관해 고찰하였다. 이제는 이 두 축복이 발생하는 원천을 살펴보자. 그 원천은 하나님의 값없고 순수하고 주권적인 은혜이다. 성경은 "하나님의 은혜로 값없이 의롭다 하심을 얻은"이라고 선언하기 때문이다(롬 3:24). 그렇다면 은혜란 무엇인가? 받을 자격이 없고 오히려 지옥에 던져져야 마땅한 자들에게 하나님께서 값없이 자발적으로 베푸는 은총이다. 인간이 가진 어떤 가치도 행위도 자발성도 하나님의 은총을 이끌어낸 것도 아니고 축출하거나 방해하는 것도 아니다. 차마 악을 쳐다 볼 수 없을 정도로 순수한 눈을 가진 하나님을 나를 우호적으로 여기시도록 만들고, 나를 의롭다고 간주하시도록 만들 만한 것이 내 안에 있을 수 있을까? 그런 것은 도무지 존재하지 않는다. 오히려, 내 안에는 하나님께서 나를 혐오하고 파괴하도록 만들 만한 모든 것이 존재하였다. 하늘에 발을 디디려는 나의 자기의(自己義)의 노력조차 지옥의 밑바닥에 던져져야 마땅한 것일 뿐이다. 만일 하나님이 나를 의롭다 하실 수 있다면 틀림없이 그것은 전적으로 하나님의 순수한 은혜로 말미암은 것이다.

    은혜는 복음의 정수이다. 은혜는 타락한 인간에게 유일한 소망이며, 많은 시련을 무릅쓰며 하나님 나라를 향하여 나아가는 성도들에게 유일한 위로이다. 복음은 하나님께서 사악한 반역자들을 값없는 은총과 순수한 인애에 입각하여 다룰 채비를 갖추고 계신다는 선언이다. 즉, 하나님은 우리의 죄악을 삭제하시고, 믿는 죄인을 흠 없는 의의 옷을 덮어주시고, 양자로 삼아주신다는 선언이다. 죄인이 행하였거나 장차 행할 어떤 것이 아니라, 죄인 자신의 성품과 영원한 형벌을 받아 마땅한 것들과는 전혀 별개로 하나님 자신의 주권적 자비에 입각하여 그렇게 하시겠다는 선언이다. 칭의는 우리에 관련해서는 완벽하게 값없는 것이다. 칭의를 위해서는 우리에게, 값이든 속죄이든 준비이든 적정성이든 아무것도 요구하지 않는다. 우리에게는 우리를 받아줄 근거로 내놓을 공로가 최소한이나마 없다. 그러므로 하나님은 우리를 받아주신다면 틀림없이 그것은 오로지 하나님만의 은혜로 인한 것이다.

    "모든 은혜의 하나님"으로서 여호와는 경건치 않은 자를 의롭다 하신다. "모든 은혜의 하나님"이기에 여호와는 자기 백성을 추구하고 찾아내고 구원하신다. 하지만 자기 백성들에게는 아무것도 요구하지 않고 오히려 모든 것을 주신다. 이 사실을 "하나님의 은혜로 값없이 의롭다 하심을 얻은"이라는 말이 현격하게 드러낸다(롬 3:24). 이 문구에서 "값없이"라는 부사는 우리 안에 있거나 우리로부터 나온 어떤 것도 우리의 칭의의 원인 혹은 조건일 것이라는 생각을 전적으로 배제하려는 의도로 사용된 단어이다. 원문의 헬라어 단어인 "도레안"(dwrea,n)을 요한복음 15장 25절에서는 "연고 없이" 즉, "원인 없이"라는 말로 번역해 놓았다. 그리스도 자신에 관한한 세상이 그리스도를 미워할 원인이 없었다. 그리스도 안에는 불순하거나 왜곡되거나 악한 것이 전혀 없었다. 그리스도 안에 있는 모든 것은 순수하고 거룩하고 사랑할만하였다. 마찬가지로 우리 안에는 하나님의 인정을 받을만한 어떤 것도 존재하지 않았다. 본성적으로 우리에게 선한 것이 전혀 없다. 오히려 그와 반대로 우리 안에 있는 모든 것은 악하고 추하고 역겹다.

"하나님의 은혜로 원인 없이 의롭다 하심을 얻은"이라는 이 문구는 하나님의 마음을 그대로 드러낸다. 하나님의 외부에는 하나님을 움직이게 만들 어떤 동기도 존재하지 않는다. 다만 하나님 내면에 하나가 존재하였을 뿐이다. 우리를 의롭다 하시도록 하나님을 자극할 어떤 것도 우리 안에는 없었다. 하나님 자신의 은혜가 하나님을 움직였다. 그래서 하나님은 죄인들 가운데 괴수 즉, 가장 추악한 반역자에게까지 하나님의 놀라운 사랑이 흘러

들어가게 할 방법을 안출하셨다.

> 나 곧 나는 나를 위하여 네 허물을 도말하는 자니 네 죄를 기억지 아니하리라 _사 43:25

경이롭다! 그 무엇과도 비교될 수 없는 은혜! 우리는 하나님께서 우리를 주목하신, 심지어 경건치 않은 비참한 자를 마음에 두신 동기 혹은 이유를 찾아서 단 한순간도 하나님의 은혜 밖으로 눈을 돌려서는 안 된다.

파멸당하고 타락한 상태에 처한 자기 백성에게 자비를 베풀도록 하나님의 마음을 움직인 제일의 동력인은 하나님 자신의 즉, 우리가 구하지도 영향을 미치지도 공로를 쌓지도 않은 경이로운 은혜였다. 하나님은 우리를, 타락한 천사들에게처럼 어떤 보증도 제공하지 않은 채 율법의 저주를 받은 상태로 내버려두셨더라도 정당하시다. 그러나 하나님은 자기 아들을 아끼지 않을 정도로 우리를 사랑하셨다.

> 우리를 구원하시되 우리의 행한바 의로운 행위로 말미암지 아니하고 오직 그의 긍휼하심을 좇아 중생의 씻음과 성령의 새롭게 하심으로 하셨나니 성령을 우리 구주 예수 그리스도로 말미암아 우리에게 풍성히 부어 주사 우리로 저의 은혜를 힘입어 의롭다 하심을 얻어 영생의 소망을 따라 후사가 되게 하려 하심이라 _딛 3:5-7

칭의라는 놀라운 구상과 방법을 안출하도록 자극을 부여한 것은 하나님 자신의 주권적 은총과 선한 뜻이었다.

소시누스의 추종자들과 동조자들은 위에서 언급한 내용에 반대하여 그럴 수 없다고 주장한다. 즉, 만일 믿는 죄인이 자신을 대신하는 대리인이 하나님께 드린 충분한 속죄에 근거하여 의롭다 하심을 받는다면 그 죄인이 정죄와 처벌로부터 벗어나 하나님의 사법적 은총 안으로 들어가는 것은 순수한 정의의 행위일 수밖에 없다. 그러므로 은혜에 의한 것은 될 수 없을 것이라는 주장이다. 달리 말하자면, 만일 순전히 하나님의 은혜의 행위일 뿐이라면 어떤 누구도 신자를 대신하여 율법을 순종하였을 수 없다는 것이다. 그러나 이 입장은 서로 구별되는 두 가지를 혼동하는 것이다. 즉, 신자의 보증 즉, 대리자로서의 그리스도에 대해 하나님께서 맺는 관계, 그리고 죄인인 나에 대해 하나님께서 맺는 관계, 이 두 가지를 혼동하는 것이다. 은혜는 나의 죄를 그리스도께로 옮겼고 정의는 그리스도께로 옮겨놓은 그 죄악들로 인해 그리스도를 쳤다. 은혜는 나를 지명하여 영원한 축복을 받도록 하였고 그리스도께 대한 정의는 그리스도께서 나를 위해 획득한 것을 내가 누리도록 한다.

죄인에게 있어서, 칭의는 공로가 없음에도 하나님께서 은총을 베푸시는 행위이나 죄인의 보증인 그리스도라는 점에서, 칭의는 그리스도께서 대신하여 속죄의 공로를 쌓아준 자들에게 영생을 베풀어주어야 하는 정의의 행위이다.

첫째, 하나님께서 대속자의 손으로부터 속죄를 기꺼이 받아들인 것은 순전한 은혜였다. 하나님께서 우리에게 직접 빚을 갚도록 강제 집행하였더라면 우리의 처지는 어떤 중보자도 제공받지 못한 저 타락한 천사들의 운명과 마찬가지로 비참하였을 것이다.

둘째, 그것은 하나님께서 우리를 위한 대속자를 제공해주셨다는 것은 놀라운 은혜였다. 우리 자신의 능력으로는 결코 대속자를 마련하지 못하였을 것이다. 완전한 순종을 드릴 수 있는 유일한 피조물은 거룩한 천사들이다. 하지만 어떤 거룩한 천사도 우리의 책무를 받아들여 이행할 수 없었을 것이다. 천사는 인류에 속하지 않으며 인성을 소유하지 않았기 때문이다. 그러므로 천사는 죽을 수 없었다. 심지어 천사가 성육신을 하게 되었더라도 율법에 대한 천사의 순종은 하나님께서 택하신 모든 백성을 위한 것이 될 수 없었을 것이다. 천사의 순종은 무한한 가치를 갖지 않았을 것이기 때문이다. 인성을 취하여 자신과 연합시킨 하나님의 인격만이 자기 백성의 구속에 합당한 속죄를 하나님께 드릴 수 있었다. 그렇게 인성과 신성을 연합시킨 중보자요 대속자를 사람이 찾아낼 수 없었다. 그 중보자요 대속자는 우리로부터가 아니라 하나님 안에서 발원하였다. 하나님이 대속물을 찾아내셨다(욥 33:24)[6], "능력 있는 자"를 붙들어주셨다(시 89:19).

---

6  [역자 주] 한글성경에서는 욥기 33:24의 이 부분을 "내가 대속물을 얻었다"라고 번역하지만 KJV, NIV는 "I have found a ransom"으로 영역되어 있다. 영어번역이 히브리어는 "마짜"(ac'm')의 의미에 더 가깝다.

마지막으로, 아들 하나님께서 우리를 대신하여 이러한 일을 이행하겠다고 원하신 것은 놀라운 은혜였다. 아들 하나님의 동의가 없었다면 하나님의 정의는 빛을 받아낼 수 없었을 것이다. 아들 하나님의 은혜는 지극히 탁월하다. 아들 하나님은 이 대속사역을 이행할 때 형언할 수 없는 비하(卑下)와 비할 수 없는 고난을 맞닥뜨릴 것을 미리 알았고 그럼에도 단념하지 않았기 때문이며, 자신이 대속한 자들 즉, 죄인들, 경건치 않은 자들, 지옥에 던져져야 마땅한 자들의 품격을 잘 알았지만 결코 물러서지 않았기 때문이다.

> "오, 은혜여! 갚아주지 못할 큰 빚은 없구나
> 나는 매일 찬양하지 않을 수 없구나
> 오, 주여! 방황하는 내 마음을
> 주의 은혜로 족쇄처럼 주님께 묶어두소서."

## 6

# 칭의의 대상

Justification by Faith

이제 우리는 칭의라는 강력한 주제를 논함에 있어서 "하나님께서 의롭다 하시는 자들은 어떤 자들인가?"라는 질문을 제기해야 할 적절한 시점에 도달하였다. 이 질문에 대한 답변은 우리의 지성적 입장에 따라 다양할 수밖에 없다. 하나님의 영원한 작정이라는 견지에서는, 하나님의 택자들이라는 대답 밖에는 없다(롬 8:33). 성령 하나님의 소생케 하는 역사가 낳은 결과라는 관점에서는, 반드시 그 대답은 믿는 자들이다(행 13:39). 그러나 그들은 어떤 사람들인가를 그 사람들 자체를 고찰하는 관점에서는 경건치 않은 자들이라고 대답할 수밖에 없다(롬 4:5). 사람 그 자체는 변함없이 동일하지만 관계성에 따라 세 가지로, 다르게 파악된다. 그러나 여기에서 난점이 드러난다. 즉, 만일 믿음이 칭의에 본질적인 요소라면, 그리고 만일 타락한 죄인은 반드시 성령에 의해 살아나야만 믿을 수 있다면, 그렇다면 중생한 사람 즉, 그 마음에 이미 믿음이라는 영적 은혜를 받은 사람을 "경건치 않은" 사람이라고 묘사하는 것이 얼마나 적절할 수 있을까?

이 난점은 근본적으로 다른 것들을 혼동한 데서 야기되는 문제이다. 칭의가 단지 칭의를 선고받는 사람의 사법적 지위에만 관련된 것임에도 경험적 상태를 끌어들여 야기된 문제이다. 진리의 객관적 측면과 주관적 측면 즉, 법률적 측면과 경험적 측면을 판명하게 인식하는 것이 지극히 중요하다는 점을 재차 강조해야 할 것이다. 만일 이 분별력을 꾸준히 유지하지 않는다면 우리의 생각은 혼동과 실수로 얼룩질 수밖에 없다. 신자조차도 그 사람 자체만 놓고 어떤 사람인지를 깊이 생각해보면 "오호라 나는 곤고한 사람이로다"라고 비통하게 울부짖지 않을 수 없다. 그러나 그리스도 안에 있는 즉, 모든 것들로부터 의롭다 함을 받은 자신의 모습을 고찰할 때는 의기양양하게 "누가 나를 힐문하겠느냐!"라고 찬양한다.

앞에서, 본인은 "하나님께서 의롭다 하시는 자들은 어떤 자들인가?"라는 질문은 하나님의 영원한 작정이라는 관점에서 볼 때 "택자들"이라고 대답할 수밖에 없다고 지적하였다. 그리고 이 질문은 우리를, 몇몇 걸출한 칼빈주의자들이 오류를 범한 혹은 자신의 의견을 그릇되게 표현한 지점으로 이끈다. 옛 신학자들 가운데 이 교리를 해설하면서 택자의 영원한 칭의를 주장한 이들이 있다. 영원칭의론이라는 이 입장은 하나님께서 택자들을 의롭다고 창세전에 선언하셨다는, 따라서 택자들의 칭의는 현세의 전 역사를 통해 심지어 택자들이 중생하기 전에 불신앙 상태에 있을 때에도 실제적이고 완전하였다는 주장이다. 결국, 택자들의 믿음을 가짐으로써 만들어낸 유일한 차이는 하나님의 영원한 칭의를 그들의 양심에 명확하게 나타낸다는 점에 있다고 본다. 이것은 심각한 잘못이다. (다시 말하자면) 서로 다른 것들을 구별하지 못함으로써 야기된 잘못이다.

(우리에게는 과거, 현재, 미래에 속하는) 모든 것을 인식하는 신적 지성의 내재적 행위라는 점에서 택자는 영원 전에 의롭다 하심을 받는다고 말해도 좋을 것이다. 결코 좌절될 수 없는 신적 의지의 불변적 행위라는 점에서는 마찬가지라고 말해도 좋을 것이다. 그러나 하나님께서 우리에게 선고하는, 실제적이고 형식적이며 역사적인 판결이라는 점에서는 그렇게 말하면 안 된다. 우리는 하나님께서 은혜의 뜻을 통해 택자를 바라보는 것과, 율법의 선고 아래에 있는 칭의의 대상으로 바라보는 것 사이를 구별하지 않으면 안 된다. 전자의 경우에 하나님은 자신의 백성을 영원한 사랑으로 사랑하셨다(렘 31:3). 후자의 경우에 우리는 다른 사람들과 다를 바 없이 "본질상 진노의 자녀"였다(엡 2:3). 택자들이 믿을 때까지는 아담의 다른 모든 후손들과 마찬가지로 "이미 심판을 받은" 자들이다(요 3:18). 하나님의 정죄 아래에 있다는 것은 의롭다 함을 받는 것의 정반대이다.

청교도 신학자 토마스 군원은 칭의에 관한 두툼한 논저를 통해 매우 중대한 차이점들을 명확하게 하였다. 이 차이점들에 주목한다면 이 문제에 관해 오류에 빠지지 않게 될 것이다.

"1. 영원한 언약이라는 점에서 그리스도 안에 있는 모든 영적 축복들을 즉, 그리스도 자신에 관해 언급할 때 그것들은 영원 전부터 우리에게 주셨다고 말해도 좋다. 우리는 선택을 받을 때, 그때에 의롭다 함을 받았다. 그러나 그때 우리는 우리 자신으로서가 아니라 우리의 머리되신 그리스도 안에서 의롭다 함을 받았다(엡 1:3).

2. 그리스도께서 부활하실 때 지불하고 이행하신 것에 입각하여 그리스도 안에 있는 우리를 향하여 하나님께서 우리를 의롭다 하신 행위가 또 있다(롬 4:25, 딤전 3:16).

3. 칭의에 관한 이 두 행위는 전적으로 우리의 외부에 있으며, 하나님의 내면에 있는 행위이다. 비록 이 두 행위는 우리와 관련이 깊고 우리를 향한 것이지만 우리에게 미친 하나님의 행위는 아니다. 이 두 가지는 우리에게 실제로 이행되어 우리 자신 안에 존재하는 행위들이 아니라, 우리를 대신하고 우리를 대표하여 언약을 맺은 우리의 머리되신 그리스도 안에 존재하는 행위들이다. 그래서 마치 우리는 그 행위들에 의해 칭의를 받을 권리 및 자격을 갖추게 되지만 그 상태를 소유하고 은택을 누리는 것은

우리에게 집행되는 행위가 또 있어야 한다."

우리는 중생 이전에는 단지 우리의 머리되신 그리스도 안에서 수봉자(受封者)로서 의롭다 함을 받는다. 즉, 미성년자인 우리를 대신한 신탁관리자 안에서 의롭다 함을 받는다. 굳윈은 여기에 다음과 같은 말을 덧붙인다.

■■■ "(우리는) 비록 그리스도를 통해서 일지라도 칭의를 우리 자신 안에 소유하고 있어야 하고, 그 모든 행실과 증거를 우리 믿음의 돌봄과 이해에 맡기도록 해야 한다. 우리 자신이 칭의를 참되게 소유하고 향유하는 사람이 되어야 한다. 칭의는 우리가 믿음을 가지는 그 순간에 직접적으로 주어지는 것이다. 바로 (하나님의) 이 행위는 앞선 두 행위의 완성이며 성취이다. 그리고 성경이 그토록 빈번하게 가르치는 저 위대하고 유명한 이신칭의 교리이다. 로마서 5:9, 11, 8:11에서 '이제'라는 부사에 주목하라. 하나님은 자신의 택자들이 믿음을 가질 때까지는 불경건하고 의롭지 않다고 판단하고 선언하셨다."

하나님의 택자는 택함을 받지 못한 자들과 정확하게 동일한 조건 및 상태로 이 세상에 태어난다. 우리도 "다른 이들과 같이 본질상 진노의 자녀"이다(엡 2:3). 즉, 아담 안에서 원죄의 정죄를 받고 태어나고(롬 5:12, 18, 19), 하나님의 율법을 지속적으로 범하기 때문에 율법의 저주 아래에 놓여 있다(갈 3:10). 하나님의 정의의 칼이 택자들의 머리 위에 매달려 있고, 성경은 택자들을 지극히 높으신 하나님께 반역을 일으킨 무리라고 선언한다. 자, 여기까지는, 택자일지라도 "멸하기로 준비된 진노의 그릇"들과 전혀 차이가 없다. 택자들의 상태는 극도로 비참하고, 상황은 실제로 위태롭다. 성령이 택자들을 사망의 잠에서 깨울 때 그들의 귀에 던지는 첫 번째 메시지는 "임박한 진노를 피하라"라는 말이다. 그러나 택자들도 여태까지는 어떻게 피할지, 어디로 피할지를 몰랐다. 바로 그때에 택자들은 복음의 메시지를 받아들일 준비가 된 것이다.

이 장의 도입부에서 던진 "하나님께서 의롭다 하시는 자들은 어떤 자들인가?"라는 질문에 대해 좀 더 직접적인 대답을 다뤄 보자. 명확한 답변은 로마서 4장 5절의 "경건치·아니한 자를 의롭다 하시는 이를"이라는 어구에 있다. "누구를" 의롭다고 하시는가? 거룩한 자들인가? 신실한 자들인가? 열매 있는 자들인가? 아니다. 그와 정반대이다. "경건치 아니한 자를 의롭다" 하신다. 이 얼마나 강력하고 대담하며 기막힌 말인가! 그 바로 앞뒤에 있는 어구를 포함하여 "일을 아니할지라도 경건치 아니한 자를 의롭다 하시는 이를 믿는 자에게는"라는 말을 주목하면 훨씬 더 강력한 말이 된다. 그때에, 칭의를 받는 당사자들이 그리스도와 별개로 그 자체로 나타난다. 이들은 완전한 의가 없을 뿐만 아니라 받아들일만한 자신들의 행위도 없다. 칭의의 판결이 내려질 그 당시에는 이름이 거론된 것이고 경건치 않은 자였다. 오직 죄인에 불과하던 자는, 은혜가 높이 찬양을 받으며 칭의를 통해 은혜의 왕권이 미치는 당사자이다.

> ▄▄▄ "일하지 않는 자가 믿음을 통해 의롭다 하심을 받는다고 말하는 것은, 그가 행하는 일이 무엇이든 간에 그 일은 그의 칭의에 전혀 영향을 미치지 않으며 하나님은 그를 의롭다 하실 때 그가 하는 일을 전혀 고려하지 않으신다고 말하는 셈이다. 그러므로 오직 일하지 않는 그 사람만이 칭의를 받는 자 즉, 의롭다 하심을 받는 사람이다. 즉, 하나님은 어떤 사람을 의롭다 하실 때는 그 사람의 행위도, 순종의 의무도 고려하지 않으신다. 우리는 하나님의 은혜에 의해 값없이 의롭다 하심을 받는다"(존 오웬).

하나님께서 초월적 자비를 통해 의롭다 하시는 대상자들은 순종적이지 않고 불순종적이다. 하나님의 의로운 통치에 충실한 신복들이 아니라 하나님께 완악하게 대들고 하나님의 법을 짓밟은 자들이다. 하나님께서 의롭다 하시는 대상자들은 파멸한 죄인들이다. 하나님으로부터 벗어난 상태에 있고, (아담 안에서) 원의(原義)를 상실한 상태이고, 자신의 범법행위로 인해 죄책을 지고 하나님의 심판대 앞에 선 자들이다(롬 3:19). 성품과 행위에 의해 신성한 축복에 대한 일체의 권리를 상실하고 오직 하나님으로부터 가차 없는 심판을 받아 마땅하게 된 자들이다.

"경건치 아니한 자를 의롭다 하신 이를." 칭의의 선언을 받을 자들이 실제로 칭의를 받는 시점에 이를 때까지는 "불경건한 자들"이었다가 칭의의 선언을 받는 그 순간에는 불경건한 자들이 아니라고 단언함으로써 이 어구의 내용을 약화시킨 주석가들이 얼마나 많은지 정말 개탄스럽다. 이들은 칭의의 선언을 받는 자들은 칭의의 선고가 내려지는 그 순간에는 신자이기 때문에, 그리고 믿음은 (하나님의 은혜가 심령 속에서 만들어낸 것인) 중생을 전제하기 때문에, "경건치 아니한 자"라고 불러서는 안 된다고 주장한다. 얼핏 어려워 보이는 이 문제는 칭의는 전적으로 법률적인 것이지 경험적인 것이 전혀 아니라는 사실을 상기하면 단박에 해소된다. 하나님의 율법의 시각에서 볼 때, 하나님께서 의롭다고 선언해주시는 모든 자는 그리스도의 의로움을 인수받을 때까지는 "경건치 아니한 자"이다. "경건치 아니한"이라는 무서운 선고는, 하나님께서 그리스도의 순종을 전가해주실 때까지는 가장 더러운 매춘부나 가장 순결한 동정녀에게나 똑같이 적용된다.

"경건치 아니한 자를 의롭다 하신 이를." 이 말은 하나님은 칭의를 선언하실 때는 자신이 의롭다 하시는 이가 얼마나 선한 행위를 하였는지를 전혀 고려하지 않으신다는 의미에 다름 아니다. 이 어구는, 하나님은 칭의를 선언하시기 직전에 그 대상자를 단지 불의하고 경건치 않고 사악한 자로만 간주하실 뿐이며 따라서 칭의를 받는 자이든, 칭의를 받는 자가 행한 것이든, 어떤 선도 하나님이 의롭다 하실 근거 혹은 이유로 삼으실 리가 없다는 사실을 강조적으로 선언한다. 이 점은 이 어구의 바로 앞에 있는 "일을 아니할지라도"라는 말이 더욱 분명하게 만든다. 이 어구에서 언급한 "일"은 단지 의식법이 요구한 행위만이 아니라 도덕 및 경건의 모든 행위를 포함한다는 것은 "일하지 않는" 그 당사자를 "경건치 않은" 사람이라고 지칭한다는 사실로부터 나타난다. 마지막으로, 칭의에 속하는 믿음을 이 구절에서는 의로움으로 간주한다고 언급한다는 점을 볼 때 의로움을 전가 받는 그 사람은 본래 그 자체로는 의로움이 결여되어 있는 것이 분명하다.

방금 언급한 것에 병행하는 구절은 이사야 43장에 있다. 25절에서 하나님은 "나 곧 나는 나를 위하여 네 허물을 도말하는 자니 네 죄를 기억지 아니하리라"라고 말씀하신다. 하나님은 이 말씀을 누구에게 하시는가? 하나님을 기쁘시게 하려고 진지하게 애쓴 사람들에게 하신 말씀인가? 비록 잘못을 범하기도 하지만 대체로 하나님을 신실하게 섬긴 자들에게 하신 말씀인가? 아니다. 정말 아니다. 전혀 그렇지 않다. 오히려 하나님은 바로 앞 문맥에서 다음과 같이 말씀하신다.

> 그러나 야곱아 너는 나를 부르지 아니하였고 이스라엘아 너는 나를 괴로워 하였으며……너는 나를 위하여 돈으로 향품을 사지 아니하며 희생의 기름으로 나를 흡족케 아니하고 네 죄 짐으로 나를 수고롭게 하며 네 죄악으로 나를 괴롭게 하였느니라 _사 43:22, 24

이 말씀대로라면, 하나님은 철저하게 "불경건한" 자들에게 "나 곧 나는 나를 위하여 네 허물을 도말하는 자니 네 죄를 기억지 아니하리라"라고 말씀하신 것이다. 어째서? 그들 안에 있는 혹은 그들로부터 나오는 선한 것 때문인가? 아니다. "나를 위하여"라고 말씀하셨다!

우리가 언급한 내용을 더욱 확증해주는 구절은 로마서 4장 5절의 바로 앞과 뒤에 있다. 1절~3절에서 아브라함의 사례를 고찰하고, 아브라함은 행위에 의해서가 아니라 믿을 때에 전가된 의로움을 근거로 의롭다 하심을 받았음을 입증한다.

> "아브라함과 같은 승리의 믿음, 고결한 경건, 경이로운 순종의 사람도 자신의 행위로 인해서가 아니라 전가된 의에 의해 하나님께 받아들여졌다면, 도대체 어떤 사람이 자신의 진정한 노력 혹은 경건한 실천에 의해 하늘의 축복을 누릴 것인가? 여호와의 친구라고 불릴 정도의 성품과 행위를 갖춘 사람들에 비하면, 거론할 만한 실천은 없다"(아브라함 부스).

바울은 주님은 모든 믿는 자의 조상인 아브라함조차도 "경건치 아니 한" 자 즉, 의롭다 함을 받은 그 순간에는 자신의 것으로 내놓을 선행이 하나도 없는 자로 간주하셨음을 확인하였다. 그리고 그 다음에 참으로 축복받은 사람에 관한 다윗의 묘사를 인용하였다.

■    "다윗은 의롭다 함을 받은 사람을 어떻게 묘사하는가? 하나님께서 받아주신 원인을 어디로 돌리는가? 본유적 의에 돌리는가 아니면 전가된 의에 돌리는가? 진정한 순종을 이행하고 율법을 최대한 준행한 결과로 그 지복상태를 획득하고 보배로운 특권을 향유한 사람으로 묘사하는가? 전혀 그렇지 않다. 다윗은 "그 불법을 사하심을 받고 그 죄를 가리우심을 받는 자는 복이 있고 주께서 그 죄를 인정치 아니하실 사람은 복이 있도다 함과 같으니라"라고 진술한다(7-8절). 복된 사람을, 그 자체로 볼 때에는 부패한 피조물이며 죄악 된 범죄자라고 묘사한다. 은혜가 차이를 만들어내기 전에는, 나머지 모든 인류와 전혀 다를 것이 없는 사람이었다. 똑같이 무가치하고, 똑같이 파멸당한 사람이었다. 다윗은 그 모든 축복은 전가된 의로부터 발생한다고 우리에게 말해준다"(아브라함 부스).

"경건치 아니한 자를 의롭다 하신 이를." 여기에 복음의 심장이 있다. 하나님은 본래적으로 의로운 자들만을 의롭다고 선언하실 수 있다고 주장하는 이들이 많다. 그러나 만일 정말 그렇다면 과연 죄인에게 기쁜 소식이란 것이 있을까? 진리의 원수들은, 하나님의 율법이 정죄하는 자들을 하나님이 의롭다고 선언한다는 것은 법정 소설에 불과할 것이라고 주장한다. 그러나 로마서 4장 5절은 신성한 이적을 알려주고 오직 하나님만이 해낼 수 있었던 이적을 선언한다. 복음이 선언하는 이적은, 하나님은 경건치 않은 자들에게 의로운 자비를 가지고 다가가시며 경건치 않은 자들이 그 부패와 반역에도 불구하고 (그리스도의 의를 근거하여) 믿음을 통하여 새롭고 복된 관계를 하나님과 맺을 수 있게 하신다는 것이다.

성경은 자비를 언급한다. 그러나 부족함을 채워주고 고결한 자들의 실수를 만회시켜주는 자비가 아니다. 그리스도를 통하여 죄인들 가운데 괴수에게까지 미치는 자비이다. 주 예수의 속죄를 통하여 자비를 선포하는 복음은, 구속자의 피를 믿는 믿음을 통해 가장 죄 많은 사람에게까지 구원을 제시함으로써 인간의 모든 종교체계로부터 구별된다. 하나님의 아들은 단지 죄인을 구원하기 위해 세상에 온 것이 아니다. 죄인들 가운데 괴수까지 즉, 하나님의 가장 악독한 원수까지 구원해주기 위해 온 것이다. 자비는 가장 극렬하고 단호한 반역자에게까지 값없이 주어진다. 죄인을 위해 마련된 피난처는 바로 여기에, 오직 여기에만 있다. 독자여! 자신이 큰 죄인이라는 사실에 두렵고 떨리는가? 그렇다면 바로 그 이유 때문에 그리스도께로 나와야 한다. 당신의 죄가 크면 클수록 당신은 그만큼 더 구세주가 필요하다.

그리스도를 단지 치명적이지 않은 환자들만 치유해줄 수 있는 의사라고 생각하는 사람들도 있다. 즉, 그리스도의 기량이 감당할 수 없는, 치료 불가능한 절망적인 상태가 존재한다는 사고방식이다. 그리스도의 능력에 대한 모독이 아닌가? 그리스도의 충분성에 대한 부인이 아닌가? 십자가에 매달린 강도의 처지보다 더 극단적인 경우가 어디에 있을까? 그 강도는 죽기 직전 즉, 지옥의 문턱을 밟고 있었다. 심지어 인생들로부터 정당하게 유죄 판결을 받은 범죄자, 어쩔 도리 없는 무법자였다. 자기 옆에서 고난을 겪는 구세주에게 욕설을 퍼부었다. 하지만 마지막 순간에, 구세주를 바라보며 "예수여……나를 생각하소서"라고 말했다(눅 23:42). 그의 탄원은 거절당했는가? 영혼의 의사는 그 강도를 절망적인 경우라고 생각하셨는가? 아니다. 주의 이름을 찬양하라. 주님은 즉각적으로 "오늘 네가 나와 함께 낙원에 있으리라"라고 대답하셨다. 가장 악한 자가 하늘에 들어가지 못하는 것은 오직 불신앙 때문이다.

"경건치 아니한 자를 의롭다 하신 이를." 거룩한 삼위일체 하나님은 어떻게 이렇게 하고도 의로우실 수 있을까? 그것은 "그리스도께서 경건치 않은 사를 위하여 죽으셨"기 때문이다(롬 5:6). 하나님의 의로운 은혜는, 주 예수의 율법을 존중하고 정의를 만족시키고 죄를 속량하는 사역을 통하여 우리에게 임한다. 그렇다면 바로 여기에 복음의 진수가 있다. 인간의 가치 혹은 공로와는 전혀 상관없이, 하나님의 놀라운 은혜의 선포, 하나님의 풍성하신 사랑의 선언이 여기에 있다. 하나님은 자기 아들의 위대한 속죄를 통해 자신의 의로움을 가까이 가져다 놓으셨다(사 46:13).

▬▬ "우리는 하나님의 의를 구하러 하늘로 올라갈 필요가 없다. 하늘로 올라가야 한다면 그것은 그리스도께서 결코 내려오지

않으셨다는 의미일 것이다. 우리는 하나님의 의를 구하러 땅속 깊이 내려갈 필요도 없다. 그것은 그리스도께서 결코 장사지낸 적도 부활하신 적도 없다는 말일 것이다. 그것은 가까이에 있다. 우리가 가까이 가져다놓으려고 애쓸 필요도 없다. 우리 쪽으로 끌어당기려고 하지 않아도 된다. 우리 가까이에 있다……믿음의 본분은 일하는 것에 있지 않다. 일하기를 멈추는 것에 있다. 무엇인가를 하는 것이 아니라 이미 성취된 모든 것을 소유하는 것이다"(A. Bonar).

믿음은 죄인과 구세주를 잇는 한 가닥의 줄이다. 믿음은, 우리가 죄 용서 받을 자격을 구비하기 위해 반드시 적절하게 이행해야 하는 어떤 일이 아니다. 믿음은 그리스도께서 자신이 완성한 사역의 혜택을 우리에게 제공하도록 만들기 위해 반드시 어떤 규율에 따라 수행해야 하는 종교적 의무사항이 아니다. 오히려 믿음은 그리스도께서 무료로 주시는 모든 것을 받기 위해 내미는 빈 손같은 것이다. 독자여! 당신이야말로 "죄인 가운데 괴수"일 수 있다. 하지만 당신의 경우도 결코 절망적이지 않다. 당신은 광명한 빛, 대단한 특권, 비상한 기회를 저버리고 죄를 범하였을 수도 있다. 당신은 생각과 말과 행위로 십계명을 모조리 범했을 수도 있다. 당신의 육신은 사악함으로 인한 질병으로 가득 차고, 당신의 머리는 오랫동안 차갑게 굳어 있을 수 있다. 당신의 한쪽 발은 이미 지옥의 문턱 너머를 디디고 있을 수 있다. 하지만 바로 지금, 당신은 저 죽어가는 강도를 따라 하기만 하면, 어린양의 보배로운 피의 신성한 효능을 신뢰하기만 하면, 하나님은 당신을 저 불구덩이에서 낚아채실 것이다. 하나님은 "경건치 아니 한 자를 의롭다 하"신다. 할렐루야! 하나님이 그런 분이 아니라면 나 역시 오래 전에 지옥에 던져졌을 것이다.

# 7

칭의의 도구

Justification by Faith

[명제 1] "하나님의 은혜로 값없이 의롭다 하심을 얻은"(롬 3:24).

[명제 2] "이제……그 피를 인하여 의롭다 하심을 얻었은즉"(롬 5:9).

[명제 3] "(이제) 믿음으로 의롭다 하심을 얻었은즉"(롬 5:1).

칭의교리에 관한 충분한 석의(釋義)는 이 세 명제 각각을 그 성경적 의미에서 해석하고 그것들을 참된 관계에 따라 하나로 결합하여 조화시킬 것을 요구한다. 이 세 명제를 세심하게 구별하지 않는다면 틀림없이 혼란에 빠진다. 세 명제 모두를 꾸준히 염두에 두지 않으면 틀림없이 오류에 처박힌다. 그 각각에 합당한 비중을 부여하지 않으면 안 된다. 결코 어느 하나가 다른 명제를 압도하여 무의미하게 만드는 방식으로 이해해서는 안 된다. 이것은 결코 간단한 일이 아니다. 실제로는, 평생토록 중단 없이 성경연구에 매진한 진정한 교사만이 해낼 수 있는 일이다.

"예수 그리스도를 믿음으로 말미암아……하나님의 의" **_롬 3:22**

"의롭다 하심을 얻는 것은 율법의 행위에 있지 않고 믿음으로 되는 줄"
**_롬 3:28**

"우리도 그리스도 예수를 믿나니 이는 우리가 율법의 행위에서 아니고 그리스도를 믿음으로서 의롭다 함을 얻으려 함이라" **_갈 2:16**

칭의라는 중대한 일에서 믿음이 차지하는 정확한 위상과 영향력은 무엇인가? 의롭다 함을 받게 만드는 믿음의 정확한 본성 혹은 성격은 무엇인가? 우리가 "믿음으로 의롭다 함을 얻는다"는 이 명제를 어떤 특정한 의미로 이해해야 하는가? 이 명제와, 우리가 "은혜로 의롭다 함을 얻는다"와 "그리스도의 피로 의롭다 함을 얻는다"라는 두 기본 원리 사이에는 어떤 연관관계가 있는가? 이러한 것들은 극도로 세심할 것을 요청하는 문제들이다. 의롭다 함을 얻어주는 믿음의 본질을 철저하게 정의해서 그 특정한 작인(作因)을 파악해야 한다. 다른 것에게로, 심지어 믿음에게 주어서는 안 되는 그리스도의 존귀와 영광을 손상시키는 잘못을 범하기 쉽기 때문이다.

교사를 자처하는 많은 사람들이 이 지점에서 오류를 범하였다. 대체로 인간 본성은 오직 하나님께만 속하는 영광을 자기가 차지하는 성향을 가지고 있다. 하나님 앞에서 우리 자신의 행위로 의롭게 될 수 있다는 비성경적 관념을 거절하는 사람들이 있지만 이들 중에서도 적지 않은 사람들이 사실상 자신의 믿음을 구원자로 만든다. 믿음을 마치 죄인이 자신을 구원하는 일에서 하나님께서 그 죄인에게 요구하는 공헌 즉, 자신의 구속의 대가를 지불하는데 필수적인 마지막 한 푼과 같은 것으로 여기는 사람들이 있다. 게다가 (모든 신학자들을 비웃고, 하나님께 속한 것들을 자신들이 훨씬 더 탁월하게 파악한다고 자랑하는) 사람들 가운데, 믿음을 의로움으로 간주하는 하나님 앞에서 믿음 그 자체가 우리를 의로운 존재로 만들어주는 것이라고 주장하는 자들이 있다.

방금 언급한 것에 대한 개탄스러운 사례를 플리머스 형제단의 창시자인 존 넬슨 다비(John N. Darby)가 로마서 4장에 대한 언급에서 찾을 수 있다.

▬▬ "이것이 아브라함의 믿음이었다. 아브라함은 자신이 많은 민족의 조상이 될 것이라는 약속을, 하나님께서 그렇게 말씀하셨기 때문에, 하나님의 능력을 의지하여 믿었다. 이렇게 아브라함은 하나님을 영화롭게 하였다. 하나님께서 말씀하신 것을, 자신을

둘러싼 환경을 바라봄으로써 의문시 하지 않았던 것이다. 그러므로 이것 또한 아브라함에게 의로 간주해주셨다. 아브라함은 하나님이 어떤 분인가에 따라 하나님을 영화롭게 하였다. 자, 이것을 오직 아브라함만을 위해 기록하지 않았다. 바로 그 믿음을 의로움으로 삼도록 우리에게 전가해주실 것이다"(Synopsis 제 4권, 133쪽).[7]

이런 진술에 담긴, 그리스도를 수치스럽게 만드는 오류를 이 장의 후반부에서 드러내도록 하겠다.

- "문: 믿음은 어떻게 하나님 앞에서 죄인을 의롭게 하는가?

- 답: 믿음이 하나님 앞에서 죄인을 의롭게 하는 것은, 믿음에 항상 수반되는 다른 은혜들이나 믿음의 열매인 선행들 때문이 아니다. 마치 믿음의 은혜 혹은 믿음의 다른 어떤 행위를 칭의를 위해 죄인에게 전가되는 것과 같은 것도 아니다. 단지 믿음은 죄인이 그리스도와 그리스도의 의로움을 받아들이고 적용하는 도구이기 때문이다"(웨스트민스터 대교리문답, 제 73문답).

비록 이 정의는 1647년에 작성되었지만 이 주제에 관한 현대

---

7  [역자 주] Synopsis라고 간단히 명기된 이 책은 J. N. Darby가 1840년경에 저술한 Synopsis of the Books of the Bible이라는 5권짜리 성경주석집이다. Darby의 대표적 저술이다.

의 문헌에서 찾을 수 있는 어떤 것보다 월등히 탁월하다. 믿음을 "조건"이라고 하기 보다는 "도구"라고 언급하는 것이 더 정확하다. "조건"이라는 말을 대개는 어떤 혜택을 수여하도록 만들기 위한 것을 가리키기 위해 사용하기 때문이다. 믿음은 우리를 의롭다 할 근거도 아니고 본질도 아니다. 단지, 복음에서 우리에게 제공하는 하나님의 선물을 받아들이는 손에 불과하다.

믿음이 칭의라는 중요한 일에서 어떤 위상과 영향력을 차지하는가? 교황주의자들은 "믿음은 그 자체의 본질적 가치에 근거해서, 우리를 상대적으로가 아니라 형식적으로 의롭게 한다"라고 대답한다. 교황주의자들에 따르면, 믿음은 결코 단독으로 일하지 않고 사랑과 함께 일한다(갈 5:6). 그러므로 믿음 자체의 탁월성에서 하나님께서 받아주실 공로가 생긴다. 그러나 최선의 믿음은 약하고 결함이 있다(눅 17:5). 그래서 흠 없는 완벽을 요구하는 율법을 결코 만족시킬 수 없었다. 만일 믿음에 대한 포상으로 의를 주었다면 그 의를 소유한 자는 자랑할 이유가 없을 것이다. 바울의 진술(롬 3:26, 27)에 분명하게 모순되기 때문이다. 게다가 이런 방식의 칭의는 그리스도의 삶과 죽음을 전적으로 좌절시키고 그리스도의 위대한 희생을 불필요한 것으로 만들 것이다. 영적 은혜로서의 믿음이 아니라 도구로서의 믿음 즉, 그리스도를 붙잡는 손으로서의 믿음이 우리를 의롭다 한다.

칭의와 관련해서는 믿음을, 공로를 쌓는 마음의 활동이나 거룩한 순종의 원리라고 간주해서는 안 된다.

▰▰▰ "믿음은 우리의 칭의에 관련해서는 그리스도를, 율법을 집행하고 순종을 요구하고 부패를 물리치는 왕으로 간주하지 않고, 거룩한 율법의 요구에 부응하는 대속물로, 십자가에 매달려 죽음으로써 죄를 속량하는 제사장으로 간주하기 때문이다. 그래서 성경은 칭의에 관련해서는 '우리 하나님과 구주 예수 그리스도의 의를 힘입어 동일하게 보배로운 믿음'(벧후 1:1), '그의 피로 인하여 믿음으로'(롬 3:25)라고 언급하고, 신자를 '화목을 얻는'(롬 5:11), '의의 선물을……받는'(롬 5:17) 자라고 묘사한다. 그러므로 분명히 말하자면, 믿음은 그리스도의 대속사역에 직접적인 관련을 갖고 있으며, 미덕을 발휘한다거나 의무를 이행한다는 관념이 아니라 값없는 선물을 받는다는 관념에 따라 고찰되어야 한다"(아브라함 부스).

믿음이 칭의에 대해 어떤 관계를 맺고 있는가? 아르미니우스주의자들의, 그리고 플리머스 형제단이 다소 세련되게 정리한 답변은, 믿는 행위를 의로 삼도록 우리에게 전가한다는 것이다. 오류는 또 다른 오류를 낳는다. 존 다비는 이방인은 율법 아래에 있다는 사실을 부인한다. 따라서 그리스도께서 자기 백성을 대신하여 율법에 순종하였다는 사실도 부인한다. 결국, 다비는 그리스도의 대속적 순종을 백성들의 것으로 간주하지 않기 때문에 백성들을 위한 의를 다른 곳에서 찾아야 했다. 다비는 이 의가 신자 자신의 믿음에 있다고 주장한다. 즉, 백성들의 믿는 행위가 백성들에게 전가되어 의가 된다고 주장한다. 자신의 이론을 그럴듯하게 만들기 위해, 로마서 4장에 있는 몇몇 표현을 자기 이론에 덧입혔다. 하지만 다비는 헬라어 원문은 자신이 구축한 것에 전혀 근거를 제공해주지 않는다는 사실을 잘 알았다.

로마서 4장 본문에는 "그의 믿음을 의로 여기시나니"(5절), "아브라함에게는 그 믿음을 의로 여기셨다"(9절), "이것을 저에게 의로 여기셨느니라"(22절)라는 표현이 있다. 이 세 구절에서 헬라어 전치사는 "에이스"(eivj)이고, 이 전치사는 결코 "~대신에"라는 의미가 없다. 언제나 "~앞으로, ~을 위해, ~을 목적으로"를 의미한다. "~에게로"와 동일한 힘을 가진다. 그 정확한 의미와 힘은 "사람이 마음으로 믿어 의에['에이스'] 이르고"(롬 10:10)라는 어구에서 명확하게 드러난다. 이 표현은, 믿음을 가진 마음은 그리스도에게로 뻗어가서 그리스도 자신을 붙잡는다는 뜻이다.

▬▬▬ "이 구절(롬 10:10)은 이신칭의가 무엇인지를 파악하는데 도움을 준다. 로마서 10장 10절은 복음에서 우리에게 제공하는 하나님의 선하심을 우리가 포용할 때 그 의로움이 우리에게 다가온다는 사실을 보여준다. 이것을 근거로 해서 즉, 하나님은 그리스도를 통해 우리와 화목을 이룬다는 사실을 우리가 믿기 때문에, 우리는 의롭다 함을 받는다"(존 칼빈).

성령은 헬라어 전치사 "에이스"를 빈틈없이 정확하게 사용하였다. 성령은 전치사 "에이스"를 우리를 대신한 그리스도의 속죄와 희생과 연계해서 사용한 적이 없다. 이런 경우에는 "~대신에"라는 의미의 "휘페르" 혹은 "~과"만을 사용한다. 반면에 "~과"와 "휘페르"는 우리의 믿음과 연계해서 사용한 적이 없다. 하나님은 완전한 순종 대신에 믿음을 받아들이지 않기 때문이다. 틀림없이 믿음은 하나님께서 우리를 받아주시는 근거이든지 아니면, 우리가 참된 공로적 근거 즉, 그리스도의 의로움과 관련을 맺는 도구 혹은 수단이든지 이다. 믿음은 우리의 칭의에 대해 양면적 관계를 맺지 못한다.

▬  "하나님은 유효적으로 부르신 자들을 또한 값없이 의롭다 하신다. ……믿음 그 자체 즉, 믿는 행위를 전가해줌으로써가 아니라……그리스도의 순종과 속죄를 전가해줌으로써 의롭다 하신다"(웨스트민스터 신앙고백, 제11장, 1절).

믿음 그 자체가 우리를 의롭다 하시는 본질 혹은 근거가 될 수 없다는 사실은, 많은 고려사항으로부터 분명하게 드러난다. "복음에는 하나님의 의(즉, 그리스도께서 율법에 대해 드린 속죄)가 나타나서 믿음으로 믿음에 이르게" 한다(롬 1:17). 그러므로 하나님의 의는 믿음 그 자체가 될 수 없다. 로마서 10장 10절은 "사람이 마음으로 믿어 의에 이르고"라고 선언한다. 그러므로 의는 믿음과는 분명하게 구별되지 않을 수 없다. 예레미야 23장 6절에는 "여호와 우리의 의"라는 표현이 있다. 따라서 믿음은 우리의 의일 수가 없다. 믿음을 높이기 위해 그리스도를 권좌에서 끌어내리지 말라. 종을 주인보다 높이지 말라.

■ "우리는 그리스도의 순종과 속죄가 우리에게 낳는 것 이외에는 어떤 의를 인정하지 않는다. 즉, 우리의 믿음이 아니라 그리스도의 피, 우리가 그리스도의 속죄를 믿는 믿음이 아니라 그리스도의 속죄가 하나님 앞에서 의롭다 하심을 받는다는 것이다"(존 프라벨).

우리의 믿음에서 발생하는 변질은 바로 그런 것이다. 불신앙이 뒤섞인다는 것이 바로 그런 것이다. 우리의 칭의와 소망을 쌓아올릴 진정한 기초를 프라벨이 올바로 지적한 것이 아닌가?

"성경의 진술은 다비의 입장을 지지하는 것이 분명하지 않는가? 로마서 4장 5절은 '믿음을 의로 여기시나니'라고 주장하지 않는가?"라고 말하는 사람이 있을지 모르겠다. "성경의 의미가 다비를 지지하는가? 다윗은 담장 밑에서 자라는 '우슬초'로 정결케 되었다는 진술의 사실성을 내가 입증해봐야 우스꽝스러울 것이다"라고 대답한다. 그렇다. 다윗이 "우슬초로 나를 정결케 하소서 내가 정하리이다"(시51:7)라고 노래한 명확한 진술은 내 주장을 뒷받침해줄 것이다. 그 성경구절의 진술이 아무리 명확할지라도 그 진술은 하나님 말씀의 의미와 정신에서 벗어나는 것을

7. 칭의의 도구 **129**

한 치도 용납하지 않을 것이다. 하찮은 풀 한 줌에 불과한 우슬초에 속죄의 피를 대신할 무슨 가치가 있는가? 믿음이 그리스도의 완전한 순종을 대신하는 것 즉, 우리를 의롭게 만들 것처럼 굴거나 우리를 하나님께 받아들일만하게 만드는 것처럼 구는 것도 마찬가지이다.

정말이지 이처럼 유치한 주장에 시간을 허비하는 것에 대해 많은 독자들에게 사과해야 마땅하다. 그러나 독자들에게 따스한 관용을 바란다. 또한 하나님께서 이 졸고를 사용하셔서 다비의 많은 오류 가운데 하나를 드러내시기를 소망한다. 특히, 다비의 주장은 "슬픈" 오류인 것이 정말 확실하다. 그리스도의 대속적 순종이 아니라 신자의 믿음을 의로 간주한다는 다비의 주장은 하나님을 노골적인 거짓말쟁이로 만든다(다비를 최측근에서 보좌하는 켈리라는 사람은 "하나님의 말씀을 믿는데 발휘된 아브라함의 믿음이 의로움으로 간주되었다"라는 글을 썼다). 다비의 입장은 하나님을, 신자의 믿음에 허구적 가치를 부여하는 분으로 묘사하기 때문이다. 즉, 신자에게 전혀 의가 없고 따라서 하나님께서 그 가엾은 믿음을 "의"로 간주하시기 때문이다.

> 아브람이 여호와를 믿으니 여호와께서 이를 그의 의로 여기시고
>
> _창15:6

여기에서 결정해야 할 초점은, "하나님은 다름 아닌 아브라함

의 믿음 그 자체를 의로 여기셨는가!(정말 그렇다면 정말 무시무시한 관념이다) 아니면 그리스도 안에 있는 하나님의 '의' 바로 그것을 아브라함의 믿음이 예기적(豫期的)으로 붙잡았던 것인가?" 로마서 4장 18절~22절에서 바울의 언급은 문제를 결정적으로 풀어준다. 이 구절에서 바울은 하나님께서 아브라함에게 수없이 많은 자손을 주겠다는 약속의 성취를 가로막는 본성의 무능력(아브라함과 사라의 육신의 생식능력이 죽은 것)을 강조한다. 그리고 바울은 하나님은 자신이 약속하신 것을 (그 어려움에도 불구하고) 이행하실 그 능력과 신실성에 대한 무조건적 확신을 가졌다. 그래서 "그러므로 그것이 그에게 의로 여겨졌느니라"라는 말씀을 덧붙인다(22절). 이 구절에서 "그러므로"는 바로, 바울 자신은 믿음을 통해서 본성 및 자아를 완벽하게 망각하였고 하나님의 능력의 충분성과 그 역사의 확실성을 의심의 여지없이 깨달았기 때문에 라는 뜻이다.

사랑하는 독자여! 아브라함의 믿음은 다름 아닌 자기 안에 있는 모든 미덕과 힘을 포기하는 것인 동시에 하나님께서 행하셨고 행하기시를 원하는 것을 전적으로 신뢰하여 하나님을 어린아이처럼 매달리는 것 바로 그것이었다. 아브라함의 믿음은 아브라함에게 없는 "의로움"에 대한 단순한 대체물로 그치는 것이 결코 아니었다. 하나님은 자신의 율법에 대한 완전한 순종을 대신하여 아브라함의 믿음을 받아들인 것이 결코 아니었다. 오히려 아브라함의 믿음은 영혼이 생명과 소망, 그 모든 것을 주 하나님 안에서 발견하는 행위였다. 그리고 그것이 바로 의롭다 하는 믿음이었다. 지라도(John L. Girardeau)는 그 믿음은 단지, "칭의를 얻기 위해 그리스도와 그 의를 받아들이는 수단이다. 그 믿음은 그리스도의 충만으로 채워진 비움이며, 그리스도의 능력 위에 엎드린 무능력이다"라고 말한다.

> "내 손으로 이룬 최선의 순종조차
> 감히 주의 보좌 앞에 내보이지 못하네.
> 그러나 믿음은 내 주께서 이룬 것을 앞세워
> 주의 명령에 응할 수 있네."

믿음은 칭의에 대해 어떤 관계를 맺고 있는가? 율법폐기론자들과 고등칼빈주의자들은 단지 위로 혹은 확신의 관계일 뿐이라고 대답한다. 이들의 이론은 택자들은 창세 전에 하나님으로부터 실제로 의롭다 하심을 받았고 현재 그 믿음이 행하는 일은 단지 창세 전에 획득한 칭의를 신자의 양심에 뚜렷하게 나타내는 것일 뿐이라는 것이다. 갯스비(W. Gadsby), 아이런즈(J. Irons), 제임스 웰즈(James Wells), 필폿(J. C. Philpot)과 같은 이들이 이 오류를 옹호하였다. 이 오류가 이들로부터 시작되지 않았다. 그것은 청교도들이 당시에도 이 오류를 논박하였기 때문이다.

■ "우리는 오직 믿음에 의해 죄용서를 획득하고 받아들인다. 하나님께서 우리와 관련해서 그리스도 안에서 그리고 그리스

도로 인해 행한 어떤 선행적 행위에도 불구하고 우리는 우리가 믿을 때까지는 영혼은 실제로 완전하게 해방되지 않는다"(존 오웬).

■■■ "나는 오직 내 자신의 양심의 법정에 관련해서만 의롭다고 말해봐야 헛일이다. 바울 및 다른 사도들이 의롭다 함을 얻은 믿음은, 자신들이 이미 의롭다 함을 얻었다고 믿는 믿음에 의해서가 아니라 의롭다 함을 얻기 위해 그리스도를 믿는다는 믿음에 의해서였다(갈 2:15, 16). 그러므로 칭의의 믿음은 확신의 행위가 아니었다"(토마스 굿윈, 전집 제 8권).

어떻게 해서 우리는 믿음에 의해 의롭다 함을 얻는가? 이 질문에 대해 지금까지 우리는 삼중적인 부정적 답변을 제시하였다. (1) (로마교도들의 주장처럼) 행위와 결부된 원인으로서의 믿음에 의해서가 아니다. (2) (아르미니우스주의자들의 주장처럼) 우리 안에 있는 은혜의 행위로서의 믿음에 의해서가 아니다. (3) (율법폐기론자들의 주장처럼) 성령의 증거를 받아들이는 그런 믿음에 의해서가 아니다.

이제 긍정적인 답변을 제시하겠다. 그리스도의 의를 붙잡고 적용하도록 하나님께서 지정하신 도구로서의 믿음만이 의롭다 함을 얻어준다. 믿음은 우리 칭의의 "도구"라고 말할 때 우리를 의롭다 하실 때 하나님께서 사용하시는 도구가 아니라는 것을 명확하게 이해하자. 우리가 그리스도를 영접하는 우리의 도구이다.

그리스도는 우리를 대신하여 의의 공로를 성취하셨다. 그리스도를 믿는 믿음은, 그리스도의 의를 받으시는 하나님 보시기에 적절한 것으로 바꿔주는 것이다. 믿음에 의해 그리스도와 연합한다. 그리스도와 연합한 뒤에 우리는 그리스도 안에 있는 모든 것을 소유한다. 우리의 수용능력과 하나님께서 주시겠다고 정하신 것과 일치하는 만큼 소유한다. 그리스도와 영적으로 하나가 된 뒤에 하나님은 우리를, 법률적으로 자신과 하나가 된 존재로 간주하신다.

우리는 믿음 때문에가 아니라 믿음에 의해 의롭다 함을 얻는다. 믿음 그 자체 때문이 아니라 믿음이 받아들이는 그것 때문이다. 스티븐 차녹은 다음과 같이 말한다.

▬▬ "믿음은 그 자체로는 아무런 효능이 없다. 단지 우리를 그리스도와 하나로 묶어주는 띠이기 때문에 효능이 있다. 정결케 하는 공력 전체가 믿음의 대상인 그리스도로부터 나온다. 우리 손으로 물을 받아 깨끗케 하는 효력은 우리 손에 있지 않고 물에 있다. 그러나 물은 우리가 받아들이지 않으면 우리를 씻어주지 못한다. 우리는 물을 받아들임으로써 물을 우리와 연합시킨다. 그런 방법에 의해 깨끗해진다. 따라서 주목해야 할 점은, 이신칭의는 언제나 능동적이 아니라 피동적으로 표현된다는 것이다. 즉, 믿음이 우리를 의롭게 만든다가 아니라 우리는 믿음에 의해 의롭다 함을 받는다는 식이다. 그 효력은 그리스도의 피에 있고 우리의 믿음으로

그 효력을 수용한다."

성경은 의롭다 함을 받은 불신자라는 것을 전혀 모른다. 믿는다는 것에 관련한 공로는 없다. 하지만 칭의를 받기 위해서는 믿음이 반드시 필요하다. 전가된, 그와 더불어 받아들여진 그리스도의 의가 의롭다 함을 준다(롬 5:7, 11). 그리스도의 의는 내가 아버지로부터 선물로 받을 때까지는 내 것이 아니다. 이 점을 윌리엄 쉐드(William G. T. Shedd, 1820-1894)[8]는 다음과 같이 설명한다.

■ "믿음이 있는 죄인은 '믿음에 의해 의롭다 함을' 받는다. 이때에 믿는다는 것은 단지 도구적일 뿐이다. 그것은 그 죄인이 음식을 '먹음으로써' 생명을 유지하는 것과 같다. 음식을 먹는다는 것 역시 도구적일 뿐이다. 먹는다는 것은 개별적인 행위이다. 그 죄인은 음식을 먹는다는 이 개별적인 행위에 의해 음식을 받아들이고 활용한다. 엄밀하게 말해서, 그 죄인은 음식을 먹는 행위 혹은 음식물을 씹는 행위에 의해서가 아니라 오직 음식물에 의해 생명을 유지한다. 마찬가지로 엄밀하게 말해서, 그 죄인은 오직 그리

---

8 [역자 주] 찰즈 핫지(1797-1878), 아키발드 알렉산더 핫지(1823-1889), 제임스 헨리 쏜웰(James Henley Thornwell, 1812-1862), 로버트 댑니(Robert Dabney, 1820-1898)와 더불어 19세기 미국의 저명한 개혁주의 조직신학자이다. 어거스틴 신학에 정통하고 엄격한 칼빈주의 노선을 견지하며 안도버(Andover)와 유니온(Union) 신학교 등에서 가르쳤다. 미국에서 처음으로 교리사를 저술하였으며, Dogmatic Theology(3vols, 1888-1894)라는 매우 탁월한 조직신학서를 남겼다.

스도의 속죄희생에 의해서만 의롭다 함을 받는다. 그 희생을 믿는 행위에 의해서 의롭다 함을 받는 것이 아니다.

칭의의 적용이라는 점에서, 믿음은 건축자가 아니라 구경꾼이다. 행위자가 아니라 도구이다. 믿음이 해야 할 일은 없다. 믿는 것 그것이 전부이다. 줄 것이 없다. 단지 받을 뿐이다.

하나님은 믿음을 칭의의 도구로 삼기로 선택하셨다. 믿음에게 고유한 공덕이 존재하기 때문이 아니라 오히려 공덕이 전혀 없기 때문이다. 믿음은 자기를 비우는 것이다.

> 그러므로 상속자가 되는 그것이 은혜에 속하기 위하여 믿음으로 되나니
> _롬 4:16

선물이란 받는 쪽에게 아무것도 요구하거나 받지 않을 때 선물이다. 받는 사람은 단지 선물을 받을 뿐이다. 믿음이 다른 어떤 속성을 가졌든지 간에, 믿음은 단지 그리스도를 받아들이는 것일 뿐이며 그렇게 해서 의롭다 함을 얻어준다. 만일 회개에 의해, 사랑에 의해, 혹은 다른 영적 은사에 의해 의롭다 함을 받는 것이라고 말을 한다면, 그 말은 우리 안에 있는 어떤 선한 것이 축복을 베풀 고려사항이라는 관념을 내포할 것이다. 그러나 믿음에 의해 의롭다 함을 받는다는 표현은 (올바르게 이해하면) 그런 관념을 전혀 내포하지 않는다.

■　"믿음은 오로지 우리에게 그리스도의 의에 참여하도록 이끌어주는 방식으로만 우리를 의롭게 한다"(존 칼빈).

칭의의 믿음은 시선을 자아 밖으로 돌리는 것, 나 자신의 의를 부인하는 것, 그리스도를 붙잡는 것이다. 칭의의 믿음은 첫째, 의에 관해 성경에 계시된 진리를 아는 지식과 믿음으로 구성되어 있다. 둘째, 나 자신의 의에 대한 자신감, 핑계 혹은 권리주장을 전적으로 포기하는 것에 있다. 셋째, 그리스도의 의를 신뢰하고 의존하여, 그리스도께서 우리를 위해 획득한 축복을 붙잡는 것에 있다. 믿음은 복음에서 제시한 칭의의 방법을 마음으로 인정하고 승인하는 것이다. 복음에 제시된 방법이란 인간의 모든 공로를 배격하고 하나님의 순전한 은혜로부터 나오는 오직 그리스도에 의해서만 의롭게 된다는 것이다.

> 공의와 힘은 여호와께만 있나니 _5 4:24

어떤 누구든 성령에 의해 완전히 무장해제를 당하고난 뒤에야 경험적으로 그리스도의 의에 매달릴 것이다. 하나님께서 우리를 불구덩이에 던져 넣어 우리의 더러운 넝마를 태워 없애고 그렇게 우리를 벌거벗겨 하나님 앞에 세운 뒤에야, 그래서 우리가 사시나무 떨듯이 벌벌 떨면서 하나님의 정의의 검이 우리 머리 위에 매달려 있는 모습을 바라본 뒤에야, "가장 좋은 옷"의 가치를 참으로 알게 될 것이다. 율법의 정죄 선언을 성령께서 죄인의 양심에 적용해준 뒤에야 죄인은 "망했구나! 망했구나"라고 울부짖는다(롬 7:9, 10). 영혼은 하나님의 율법이 요구하는 것들을 개인적으로 깨닫고, 그 의로운 요구사항을 이행하지 못하는 우리의 전적 무능력을 감지하고, 하나님은 정의롭게도 우리를 영원히 추방하실 것임을 정직하게 깨달은 뒤에야, 보배로운 그리스도가 절대적으로 필요함을 알게 된다.

# 8

# 칭의의 증거

로마서 3장 28절에서 사도 바울은 "사람이 의롭다 하심을 얻는 것은 율법의 행위에 있지 않고 믿음으로 되는" 것이라고 선언한다. 그런 다음에 아브라함의 사례를 제시하여 자신의 주장을 입증한다. 그런데 사도 야고보는 바로 그 아브라함의 사례로부터 판이한 결론을 도출한다.

> 이로 보건대 사람이 행함으로 의롭다 하심을 받고 믿음으로만은 아니니라 _약 2:24

이것은 불신자들이 자신의 불신앙을 옹호하는 근거로 내놓는 "성경의 모순" 가운데 하나이다. 그러나 신자는 비록 명백하게 상충하는 구절들을 조화시키는 일이 아무리 어렵더라도 하나님의 말씀에는 어떤 모순도 존재할 수 없다는 사실을 알고 있다. 믿음은 거룩한 책의 무오성을 흔들림 없이 확신한다. 믿음은 겸손하여 "내가 깨닫지 못하는 것을 내게 가르치소서"라고 기도한다(욥 34:32). 믿음은 나태하지 않다. 믿음은 믿는 자를 재촉한다. 당혹스럽게 만들고 난처하게 만드는 것을 열심히 검토하고 근면하게 조사하여, 각 책의 주제, 각 저자의 관점, 각 구절의 전후관계를 찾아내도록 몰아댄다.

로마서 3장 28절에서 사도 바울이 그런 진술을 한 의도는 그 문맥에서 명확하게 나타나 있다. 바울은 죄인이 하나님 앞에서 의롭다 함을 얻는다는 엄청난 주제를 다루고 있다. 모든 사람이 율법에 의해 정죄를 받기 때문에, 그리고 만일 사람이 각자의 행위에 근거하여 의롭다 함을 받는다면 각자 자기자랑에 빠지지 않을 수 없기 때문에, 율법을 행함에 의해서는 의롭다 함을 받을 수 없다는 사실을 바울이 밝히고 있다. 바울의 주장을 긍정적으로 말하자면, 칭의는 은혜에 의해, 그리스도 예수 안에 있는 구속을 통해서 받는다는 것이다. 바울의 논증은 만일 19절부터 28절까지 전체 구절을 주의 깊게 읽는다면 훨씬 결정적인 것으로 드러난다. 유대인들은 아브라함을 크게 중시하였기 때문에 로마서 4장에서 아브라함은 자신의 어떤 행위와는 관계없이 오직 믿음에 의해서라는 그 방법으로 의롭다 함을 받았다는 사실을 논증하였다. 이와 같은 방식의 칭의에 의해 피조물의 교만은 끌어내려지고 하나님의 은혜는 찬양받는다.

사도 야고보의 관점은 매우 상이하다. 야고보는 바울의 경우와는 전혀 다른 오류에 대응하여 서신을 작성하였다. 타락한 인류는 극단적인 피조물이다. 인류는 자신이 의를 신뢰한다는 거짓된 도피처를 빼앗기는 즉시 그 반대쪽 극단의 오류로 달아난다. 그 오류는 인류는 자신의 행위에 의해 의롭게 될 수 없기 때문에 선행을 할 필요성이 전혀 없고 불경건한 삶과 실천은 어떤 위험도 초래하지 않는다고 가정하는 위험천만한 오류에 다름 아니다. 복음이 자유롭게 선포되는 즉시 하나님의 은혜를 "음란"한 것으로 바꾼 자들이 많이 등장하였다는 사실은 신약성경 자체가 매우 명확하게 증거 한다. 이 오류를 신속하게 이론으로 뒷받침하는 동시에 거침없이 실행하였다. 그러므로 사도 야고보의 서신서를 작성하는 일차적인 목적은 불경건한 실천은 몹시 사악하고 무섭도록 위험하다는 점을 밝혀주는 것과 선행의 절대적 필요성을 주장하는 것이었다.

사도 야고보는 공허한 신앙고백을 폭로하는 데 서신의 많은 부분을 할애하였다. 특히, 야고보는 2장에서, "믿음"에 대한 잘못된 관념을 가진 자들 즉, 복음이 가르치는 진리에 대한 단순한 지적 동의는 비록 마음이나 기질이나 행위에 영적 영향력을 전혀 미치지 않더라도 구원 받기에 충분한 "믿음"으로 간주하는 관념에 안주하는 자들을 거론한다. 야고보는 그들의 소망이 헛것이며 그들의 "믿음"은 마귀들이 소유한 믿음보다 조금도 나을 것이 없다고 밝힌다. 칭의의 믿음은 공허한 고백자들의 "믿음"과는 매우 다른 것임을, 아브라함의 사례로부터 입증한다. 아브라함의 믿음은 아브라함으로 하여금 가장 힘들고 가장 고통스러운 순종행위를 심지어, 하나 밖에 없는 아들을 제물로 바치라는 명령까지도 순종할 수 있도록 만들어주기 때문이다. 이삭을 제물로 바치는 사건은 아브라함이 하나님에 의해 의롭다 함을 받은 지 여러 해 후에 일어났다. 이 순종행위는 아브라함의 믿음의 실체와 본성을 나타냈다.

위의 언급으로부터 매우 분명해진 사실은, 바울이 거론하는 "칭의"와 야고보가 거론하는 "칭의"는 전혀 다르다는 점이다. 바울의 입장은 죄인을 하나님께서 받아주실 만한 존재로 바꿔주는 것은 주 예수 그리스도를 믿는 믿음 밖에 없다는 것이라는 반면에 야고보의 입장은 이러한 믿음은 혼자 다니는 법이 없고 모든 선한 행실을 동반하며 선행이 없는 경우에는 칭의의 믿음이 존재할 리가 없다는 것이다. 야고보는 칭의의 믿음을 가지고 있다고 말하는 것으로는 충분치 않으며 하나님을 향한 사랑과 사람을 향한 사랑이 낳는 열매를 나타냄으로써 바로 그 믿음을 증명하지 않으면 안 된다는 주장이다. 바울은 우리의 이신칭의가 하나님 앞에서 어떤 것인지에 관해 썼고, 야고보는 사람 앞에서 어떤 것인지를 썼다. 이신칭의를 바울은 사람이라는 측면에서, 야고보는 우리의 고백이라는 측면에서 다룬다. 바울의 칭의는 오직 믿음에 의한 것이고, 야고보의 칭의는 사랑으로 역사하고 순종을 낳는 믿음에 의한 것이다.

방금 언급한 구별을 명확하게 파악하는 것이 가장 중요하다. 기독교 신학자가 죄인은 오직 믿음으로 의롭다 함을 받는다고 단언할 때 의롭다 함을 받은 사람 안에는 오직 믿음만 존재한다는 취지로 하는 말이 아니다. 칭의의 믿음은, 우리가 거듭날 때 성령이 나눠주는 다른 모든 은사를 항상 동반하기 때문이다. 또한, 우리가 하나님으로부터 죄용서를 받기 위해서는 다른 것은 전혀 필요치 않다는 취지로 하는 말도 아니다. 왜냐하면 하나님은 믿음과 더불어 회개와 회심을 요구하시기 때문이다(행 3:19). 오히려 기독교 신학자가 그렇게 말하는 취지는 성경은 죄인이 의롭다 함을 받는 원인을 죄인 자신 안에 있는 어떤 것에도 돌리지 않는다는 것이다. 칭의를 받는 것에 대해 믿음이 맺고 있는 것과 동일한 관계를 맺고 있는 혹은, 죄인들이 의롭다 함을 받는 결과를 낳을 때 어떤 우발적인 영향력 혹은 도구적 효력을 발휘하는, 다른 어떤 것도 죄인에게 요구하거나 죄인에게 존재하지 않는다는 것이다(윌리엄 커닝햄으로부터 요약).

반면에 의롭다 함을 얻어주는 믿음은 빈둥거리고 효력이 없는 원리가 아니라 마음을 정결케 하고(행 15:9) 사랑으로 역사하는(갈 5:6) 원리이다. 믿음을, 공허한 고백자의 단순한 지적 신앙과 쉽게 구별할 수 있다. 바로 이 점을 야고보가 매우 강력하게 역설한다. 야고보서의 주제는 은혜로 말미암는 구원과 믿음으로 말미암는 칭의가 아니라, 믿음이 있다고 주장하는 자들에 대한 검증이다. 죄인들을 하나님께서 받아주시도록 만드는 근거를 밝히는 것이 아니라 죄인을 의롭다고 하셨음을 입증하는 증거를 알리는 것이 야고보의 저술의도이다. 야고보의 입장은, 열매를 보면 그 나무를 안다 즉, 의로운 자란 의의 길로 행한다는 것이다. 말씀을 행하는 자가 아니라 "듣기만하는 자"는 자기기만 즉, 망상에 빠진 자라는 것이 야고보의 주장이다. 하나님께서 사람을 의롭다 하신다면 하나님은 그 사람을 거룩하게 하신다. 이 두 축복은 불가분리적이며, 결코 분리되어 발견된 적이 없다.

야고보서의 주제와 관점을 명확하게 파악하지 않으면 야고보서의 많은 부분을 잘못 파악하여 하나님을 모독하고 은혜를 부인하고 영혼을 파괴하는 오류를 벗어나지 못한다. 율법주의자들은 하나님 말씀의 다른 어느 곳 이상으로 바로 이 부분에 호소하여 이 위대한 진리에 즉, 행위 없이, 믿음을 통해, 은혜에 의해 의롭다 함을 받는다는 진리에 반기를 든다. 그리스도를 모독하고 인간을 높이고 복음을 폐기하는 율법주의자들은 행위에 의해 의롭게 된다는 자신들의 오류를 뒷받침해줄 근거를 야고보서에서 찾았다. 온갖 공로주의자들은 야고보서 2장을 인용하여 성경에서 의를 가르치는 다른 모든 구절을 반박한다. 로마교도들과 그들의 배다른 형제들은 아르미니우스주의자들은 "이로 보건대 사람이 행함으로 의롭다 하심을 받고 믿음으로만은 아니니라"(24절)라는 말씀을 인용하여 일체의 논의를 결말짓는다.

따라서 나는 야고보서 2장 14절~26절을 다루고 몇 가지 논평을 하겠다. 14절에서 야고보는 "내 형제들아 만일 사람이 믿음이 있노라 하고 행함이 없으면 무슨 유익이 있으리요 그 믿음이 능히 자기를 구원하겠느냐"라고 말한다. 여기에서 사도 야고보는 "믿음이 있고 행함이 없으면 무슨 유익이 있으리요"라고 말하지 않는다는 점을 주의 깊게 살펴야 한다. 이런 식의 명제는 하나님의 말씀 어디에도 근거가 없다. 이와 같은 명제는 실질적인 믿음이 존재하는 모든 경우에도 선행은 반드시 뒤따를 가능성이 없다는 것을 전제한다. 야고보는 이런 식으로 말하지 않고 "형제들아! ('너희 가운데 어떤 한 사람'이 아니라) 사람이 믿음이 있다고 말하지만 행함이 없으면 그 믿음은 무슨 유익이 있느냐"라고 말한다. 신자가 아니면서도 신자인척 말하여 사람들 사이에서 입지를 확보하고 도덕적 및 사회적 품위를 높이고 어떤 "교회"에서 교인자격을 획득하는 수는 있다. 그러나 그렇게 해서 자신의 영혼을 구원할 수 있는가?

신자인 척하는 공허한 고백자들 전부가 (어쩌면 많은 이들이) 위선을 의식하지 않고 있다. 오히려 자신을 속이고 있다. 비극적인 사실은 많은 경우에 이들을 기만할 의도가 전혀 없는 설교를 통해서도 전혀 의식하지 못한다는 점이다. 오히려 그들의 기만성을 더욱 강화시켜줄 뿐이다. 오늘날 기독교계의 많은 사람들은 그저 고백일 뿐인 것에 만족한다. 이들은 기독교 신앙의 기본교리 해설을 청취하고 지적 동의를 하였다. 그리고 그 지적 동의를, 진리를 아는 구원적 지식으로 착각한다. 그들의 지성은 진리를 알지만 그 마음에는 아직 도달하지 않았고 그 삶은 변혁이 일어나지 않았다. 그들의 정서와 방법은 여전히 세상적이다. 하나님께 대한 실질적인 복종도 없고, 거룩한 행함도 없고, 그리스도를 영화롭게 하는 열매도 없다. 그들의 "믿음"은 전혀 가치가 없다. 그들이 믿는다고 고백한 것은 헛되다.

"내 형제들아 만일 사람이 믿음이 있노라 (말)하고 행함이 없으면 무슨 유익이 있으리요 그 믿음이 능히 자기를 구원하겠느냐"(14절)에서 "(말)하고"라는 동사에 강조점을 두면 야고보가 어떤 사람들을 반대하여 야고보서를 쓰고 있는지 즉각적으로 알아챌 수 있다. 복음적 종교 전체를 복음에 대한 이론적 신념으로 대체하고 "행위에 의해서가 아니라 오직 믿음에 의해서만 의롭게 된다"는 말로 일체의 권면과 책망에 대꾸하는 자들에 대해 야고보가 반대논증을 펴는 것이다. 그래서 야고보는 참된 경건이 없을 때 신자라고 고백하는 것이 무슨 유익이 있느냐는 질문으로 시작한다. 이 질문에 대한 답변은 아무 소용없다는 것이다. 단지 믿음을 가지고 있다는 말 이외에 어떤 선행과 영적 열매를 그 믿음의 증거로 내놓지 못하는 것은 그런 말을 하는 사람에게도 그 공허한 말에 귀를 기울이는 사람에게도 전혀 유익을 주지 못한다. 기독교 교리를 정통주의적으로 해설하는 능력과 칭의의 믿음은 엄청나게 다른 것이다.

만일 형제나 자매가 헐벗고 일용할 양식이 없는데 너희 중에 누구든지 그에게 이르되 평안히 가라, 덥게 하라, 배부르게 하라 하며 그 몸에

쓸 것을 주지 아니하면 무슨 유익이 있으리요 _약 2:15, 16절

이 두 구절을 통해 야고보는 절에서, 실천행위가 수반되지 않고 순전히 말만 하는 것은 전적으로 무가치할 뿐이라는 점을 반증하고 있다. 헐벗고 양식이 없는 자들에게 이렇게 하라 저렇게 하라 그저 말만하고 평화롭게 떠난다는 점에 주목하라. 자선행위는 하나도 하지 않은 채 자선을 베푸는 척하는 것이 무슨 소용이 있고 무슨 가치가 있는가? 아무 소용없다. 주린 배는 자애로운 말에 의해 채워지지 않는다. 헐벗은 몸은 선한 소망에 의해 따뜻해지지 않는다. 복음을 읊조린다고 해서 영혼구원이 이뤄지지 않는다.

갈라디아서 5장 6절에 따르면, 믿음은 사랑에 의해 역사한다. 거듭난 영혼의 새로운 본성이 맺는, 성령의 첫 열매가 사랑이다(갈 5:22). 성령이 참으로 마음속에 믿음을 만들어냈을 때 그 믿음은 사랑으로 즉, 하나님을 향한 사랑, 하나님의 계명을 향한 사랑(요 14:23), 형제를 향한 사랑, 동료 피조물을 향한 사랑으로 나타난다. 그러므로 사도는 공허한 고백자의 "믿음"을 시험할 때 즉각적으로 그 고백자의 사랑을 시험한다. 공허한 고백자의 사랑이 거짓임을 입증하여 그 믿음의 무가치성을 증명한다.

누가 이 세상의 재물을 가지고 형제의 궁핍함을 보고도 도와 줄 마음을 닫으면 하나님의 사랑이 어찌 그 속에 거하겠느냐 _요일 3:17

진정한 사랑은 효력을 발휘한다. 진정한 믿음도 그렇다.

이와 같이 행함이 없는 믿음은 그 자체가 죽은 것이라 _약 2:17

여기에서 야고보는 앞에서 활용한 예증에 의거해서 죽은 믿음, 따라서 효력이 없는 "믿음"의 무가치성을 입증한다. 말한 내뱉고 행함이 없는 "사랑"을 무가치하다고 즉각적으로 비난하지 않을 사람이 없을 것이다. 거듭나지 않은 사람들조차도 빈궁한 사람에게 자애로운 말만하고 그 필요를 채워주지 않는 사람들에게 속지 않는다. 나의 독자여! 모든 것을 아시는 하나님이 공허한 고백에 속을 것이라고 생각하는가? 주님께서 "너희는 나를 불러 주여 주여 하면서도 어찌하여 내가 말하는 것을 행하지 아니하느냐"(눅 6:46)라고 말씀하시지 않았는가?

단지 말뿐이고 삶으로 확증되지 않는 그런 "믿음"은 소용없다. 진리를 아는 내 머릿속 지식이 아무리 명쾌하고 건전해도, 하나님께 속한 것들을 아무리 탁월하게 떠들어대도, 내 행함이 하나님의 계명에 의해 통제되지 않는다면 나는 "소리 나는 구리와 울리는 꽹과리"에 불과하다. 믿음에 행함이 없다면 그 믿음은 죽은 것이다. 살아 있고 열매를 맺는 믿음이 아니다. 하나님의 택자들의 믿음이 아니다. 전적으로 무가치한 즉, "죽은" 믿음이다. 죽은 것일 "뿐"이다. 즉, 하나님과 사람들과 모든 거룩한 정서에 대한 사랑과 결별한 것일 뿐이다. 거룩하신 우리 주님께서 이 따위 "믿음"을 어찌 인정하실 수 있단 말인지! "믿음" 없는 행함이 "죽은" 것처럼 "행함"이 없는 믿음도 죽은 것이다.

> 어떤 사람은 말하기를 너는 믿음이 있고 나는 행함이 있으니 행함이 없는 네 믿음을 내게 보이라 나는 행함으로 내 믿음을 네게 보이리라 하리라 _약 2:18

여기에서 참된 신자는 공허한 고백자에게 "당신은 자신이 신자라고 주장한다. 그러나 당신은 세상적 행실에 의해 그리스도의 이름을 욕되게 한다. 그래서 당신이 거룩한 삶의 선한 행위로 당신의 믿음을 나타낼 때까지는 진짜 성도가 당신을 형제로 간주하기를 기대하지 말라"라고 도전한다. 18절에서 야고보의 강조점은 "보이라"에 있다. 즉, 야고보는 증거를 요구한다. 당신의 믿음이 진짜라는 것을 입증하라고 요구한다. 만일 우리의 고백이 이 시험을 견디지 못한다면 마찬가지로 무가치한 것이다. 오직 마음과 삶의 참된 거룩만이 믿음에 의해 의롭다 함을 얻는 고백이라고 입증해준다.

> 네가 하나님은 한 분이신 줄을 믿느냐 잘하는도다 귀신들도 믿고 떠느니라 _약 2:19

이 구절에서 야고보는 "나는 하나님을 실제로 믿고 있다!"라는 반론을 예측한다. 그리고 다음과 같이 선수를 친다. "그래, 아주 좋다. 마귀들도 그렇게 믿는다. 그런데 마귀들의 그 '믿음'은 어떤 열매를 맺는가? 마귀들의 믿음은 마귀들의 마음과 삶에 영향을 미치는가? 하나님을 향한 그리고 사람을 향한 그들의 행위를 변화시키는가? 그렇지 않다. 그렇다면 그들의 믿음은 무슨 가치가 있는가?"

> 아아 허탄한 사람아 행함이 없는 믿음이 헛것인 줄을 알고자 하느냐
> _약 2:20

이 구절에서 "헛"("케노스," keno,j) 것이라는 말은 "텅 빈" 것이라는 의미이며, 믿음에 의해 의롭게 되었다고 주장하지만 순종적 행함의 증거가 없는 자의 무의미함을 폭로하는 말이다.

> 우리 조상 아브라함이 그 아들 이삭을 제단에 바칠 때에 행함으로 의롭다 하심을 받은 것이 아니냐 네가 보거니와 믿음이 그의 행함과 함께 일하고 행함으로 믿음이 온전하게 되었느니라 _약 2:21, 22

그리스도를 의지하는 믿음은 적극적이며 결실을 맺는 원리이다. 결코 무익한 것이 아니다. 아브라함은 이삭을 제물로 드리기 여러 해 전에 의롭다 함을 받았다(창 15:6). 창세기 22장에서 이삭을 드린 사건은 아브라함의 믿음을 공공연하게 입증한 것이며 아

브라함의 고백의 진정성을 드러낸 것이다. "행함으로 믿음이 온전하게 되었다"라는 말은 아브라함의 믿음은 실제적 순종을 통해서 그 의도된 목적에 도달하였다 즉, 그 믿음에 부여된 목적을 성취하였다는 뜻이다. "온전하게 되었다"라는 말은 "나타났다" 혹은 "알려졌다"라는 뜻이기도 하다(고후 10:9).

> 이에 성경에 이른 바 아브라함이 하나님을 믿으니 이것을 의로 여기셨다는 말씀이 이루어졌고 그는 하나님의 벗이라 칭함을 받았나니
> _약 2:23

이 구절에서 "성경"은 창세기 15장 6절 즉, 하나님께서 아브라함을 증거 하신 구절을 가리킨다. 아브라함이 하나님께 대한 자신의 순종을 최상으로 입증하였을 때, 하나님의 증언이 "성취" 되었다. 혹은 그 진실성이 입증되었다. 아브라함을 "하나님의 벗이라 칭함을 받았다"는 사실을 우리가 이 구절에서 알게 된 것은 이 구절의 전체 기조와 아름답게 조화를 이룬다. 이 점은 요한복음 15장 14절의 "너희는 내가 명하는 대로 행하면 곧 나의 친구라"라는 말씀과 비교하면 분명하게 나타난다.

> 이로 보건대 사람이 행함으로 의롭다 하심을 받고 믿음으로만은 아니니라 _약 2:24

이 구절에서 "이로 보건대"라는 말로 사도는 전술(前述)한 것으로부터 결론을 도출한다. 우리는 단지 머리와 입술에 의해서가 아니라, "행함으로" 즉, 아브라함이 그랬던 것처럼 하나님의 명령을 무조건적으로 순종하는 행위에 의해, 신자라는 우리의 고백을 정당화한다. 우리는 기독교 신자로 간주될 권리가 있음을 증명한다.

> 또 이와 같이 기생 라합이 사자들을 접대하여 다른 길로 나가게 할 때에 행함으로 의롭다 하심을 받은 것이 아니냐 _약 2:25

여기에서 라합의 예를 거론하는 까닭은 무엇인가? 아브라함의 사례가 결정적이며 충분하지 않았는가? 첫째, 진실성을 "확립"하기 위해서는 두 증인이 필요하기 때문이다(롬 4:3, 6). 둘째, 아브라함의 경우는 예외적이어서 다른 사람들을 판단하는 기준으로 삼아서는 안 된다는 반론이 제기될 수 있기 때문이다. 정말 좋은 사례이다. 라합은 가엾은 이방인, 이교도, 창기였다. 하지만 이런 라합 역시 믿음에 의해 의롭다 함을 받았다(히 11:31). 그리고 나중에 "행위" 즉, 자신의 생명을 무릅쓰고 정탐군들을 숨겨주는 행위에 의해 자신의 믿음을 입증하였다.

> 영혼 없는 몸이 죽은 것 같이 행함이 없는 믿음은 죽은 것이니라
> _약 2:26

요약하자면, 숨이 끊어진 시체와 무가치한 믿음은 자연적, 영적 생명의 모든 목적에 대해 똑같이 쓸모없다. 따라서 사도는 생명이 없는 고백자들이 몸에 걸친 정통주의 복장의 무가치함을 결정적으로 입증하였다. 복음을 입술로 고백하는 것에만 의지하는 자들의 오류를 즉, 마음의 기질과 삶의 기조는 입술로 고백하는 거룩한 종교에 노골적으로 상충하는데도 그런 고백에 의해 구원받을 수 있을 것처럼 생각하는 오류를 충분히 폭로하였다. 거룩한 마음과 순종적인 행실은 우리가 하나님에 의해 의롭다 함을 받았다는 성경적 증거들이다.

# 9 칭의의 결과

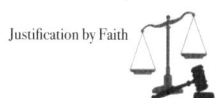

신자의 칭의는 절대적이며 완벽하며 최종적이다. 성경은 다음과 같이 선언한다.

> 누가 능히 하나님께서 택하신 자들을 고발하리요 의롭다 하신 이는 하나님이시니 _롬 8:33

> 무릇 하나님의 행하시는 것은 영원히 있을 것이라 더 할 수도 없고 덜 할 수도 없나니 _전 3:14

그래서 로마서 8장 30절에서 우리에게 주신 "의롭다 하신 그들을 또한 영화롭게 하셨느니라"라는 선언한다. 이 축복된 선언은 절대적이며 흔들리지 않는 사실이다. 그 말씀은 단지 하나님께서 영화롭게 해주실 것이라는 약속에 그치지 않는다는 점에 주목하라. 그 축복된 사건은 확고부동한 사실임에도 주목하라. 과거시제를 사용하여 "영화롭게 하셨다"라고 선언한다. 즉, 하나님의 영원불변한 목적의 견지에서 선언하고 있으며 조건 혹은 우연성의 여지는 전혀 없다. "영화롭게 된다"는 것은 그리스도의 사랑스러운 형상에 완벽하게 일치하게 된다는 것이다. 그때 우리는 그리스도를 실체 그대로 바라보게 되고 그리스도의 형상을 닮게 될 것이다(요일 3:2). 하나님께서 이렇게 하기로 결정하셨기 때문에 이미 성취된 사건처럼 과거시제로 말씀하신다. 하나님은 "없는 것을 있는 것으로 부르시"기 때문이다(롬 4:17).

신자에 관련해서는 죄 문제의 형벌적 측면은 단번에 영원토록 해결되었다. 하나님의 최고법정은 신자의 죄 문제를 심리하였고 하나님은 신자를 의롭다 선언하셨다. 그 결과로 하나님께서 내린 판결은 "그러므로 이제 그리스도 예수 안에 있는 자에게는 결코 정죄함이 없나니"이다(롬 8:1). 그 판결을 받은 자들은 과거에는 정죄 받은 상태에 있었다. 그것을 그리스도께서는 "벌써 심판을 받은 것이니라"라는 말로 나타내셨다(요 3:18). 그러나 지금 그들은 자신들의 믿음에 의해 그리스도와 연결된 상태에 있다. 그러므로 그들에게는 "결코 정죄함이" 없다. 그들의 죄로 인한 부채는 그들의 위대한 대속자가 청산해주셨다. 그 기록은 대속자가 흘린 정결케 하는 피에 의해 말소되었다.

> 의롭다 하신 이는 하나님이시니 누가 정죄하리요 _롬 8:33, 34

누가 하나님의 판결을 뒤집을 것인가! 이 재판 건을 다룰 수 있는 더 높은 법정이 어디에 있단 말인가? 영원한 정의가 절대적인 명령을 선포하였다. 불변적 심판이 판결을 기록하였다.

하나님의 판결을 물리치거나 뒤집는다는 것은 전적으로, 절대적으로 불가능하다. 하나님께서 칭의를 판결하신 것은 하나님의 율법에 드러진 완벽한 속죄에 입각한 것이며 그 결과이다. 언약의 맹세를 이행하였기 때문에 내린 판결이다. 따라서 그 평결의 철회는 유효하게 배제된다. 아버지는 택자들을 고발하는 정의를 아들이 충족시킬 경우에 그 택자들을 율법의 저주로부터 풀어줄 것을 규정하셨다. 아들은 아버지의 뜻에 기꺼이 응하여 "좋습니다. 내가 그렇게 하겠습니다"라고 동의하셨다. 하나님의 아들 그리스도는 이제 율법 아래에 놓였고, 율법을 성취하셨고, 율법의 형벌을 충분히 감당하셨다. 그러므로 그리스도는 자신의 영혼의 노고가 낳은 결실을 확인하게 되고 만족하게 될 것이다. 영원한 반석에 피하여 그 보호를 받는 자들을 다시 정죄 받게 하기보다는 차라리 전능자는 번갯불로 그 반석을 쪼갤 것이다.

아르미니우스주의자들이 주장하는 단지 조건적일뿐인 죄용서는 복음의 영광된 진리로부터 너무, 너무 동떨어진 것이다. 아르미니우스주의자들의 조건적 죄용서는 그리스도에게로 나오는 조건을 이행하는 자들에게 하나님께서 죄용서를 베푸신다는 것이다. 그런데 이 죄용서는 철회될 여지가 있다. 그렇다. 죄인들이 자신들의 몫을 행하지 않고 조건들을 이행하지 않는다면 하나님의 죄용서가 취소된다. 얼마나 무섭고 신성모독적인 오류인지! 붙잡기는커녕 반드시 확고부동하게 저항해야 하는 오류이다. 저 존엄한 창조주를 불쾌하게 만드는 것에서 그치지 않고 수많은 영혼들의 정서에 훨씬 더 큰 해를 입히는 오류이다. 우리가 어떤 조건들을 이행해야 한다는 식의 위험천만한 기초에 따라 결코 하나님은 자기 백성들을 의롭다 하시는 일을 중단하신 적이 없다. 신자에게는 "이제 결코 정죄함이" 없을 뿐만 아니라 앞으로 두 번 다시 정죄 아래에 놓이지 않을 것이다. "주께서 그 죄를 인정하지 아니하실"것이며 신자는 그런 축복을 받은 사람이기 때문이다.

율법이 내린 "반드시 죽으리라"라는 무서운 선고는 그 죄인의 대속물과 그 죄인, 양쪽에 집행하는 것은 정의롭지 않다. 그러므로 도덕적 통치권의 본질적 필연성으로 인해 반드시, 믿음을 가진 죄인은 모든 정죄로부터 해방되는 결과가 따라와야 한다. 여하한 처벌가능성으로부터 명확하게 벗어나야 한다. 우리의 복된 구세주께서 직접 너무나 분명하며 강조적인 표현으로 오해의 여지가 전혀 없도록 선포하셨다.

> 내가 진실로 진실로 너희에게 이르노니 내 말을 듣고 또 나 보내신 이를 믿는 자는 영생을 얻었고 심판에 이르지 아니하나니 사망에서 생명으로 옮겼느니라 _요 5:24

"정의와 심판" 위에 자신의 보좌를 세우신 하나님은 이 선언을, "내가 과연 너희를 버리지 아니하고 너희를 떠나지 아니하리라"라는 확증의 말씀으로 영원토록 인치셨다. 하나님으로부터 죄용서를 받은 영혼이 멸망하느니 차라리 정의의 검이 전능자의 투구를 쪼개는 편이 낫다.

그러나 진실로 그리스도께 나오는 모든 자는 죄용서를 받는다. 게다가 구속자의 의가 그들에게 전가되고 그들에게 머물러 있게 된다. 그래서 율법에 대한 완전한 순종은 그들의 소유로 전가된다. 이제는 그들의 소유물이다. 약속에 의해서가 아니라 선물에 의해서(롬 5:17) 즉, 실제적으로 제공됨으로써 그들의 전유물이 되었다. 그것은 단지 하나님께서 그들을 마치 의로운 존재인 것 마냥 취급하신다는 것만이 아니다. 그들은 의로운 존재이며 하나님이 그렇다고 선언하신 존재이다. 그러므로 믿음을 가진 모든 영혼은 이사야처럼 외쳐도 좋다.

> 내가 여호와로 인하여 크게 기뻐하며 내 영혼이 나의 하나님으로 인하여 즐거워하리니 이는 그가 구원의 옷으로 내게 입히시며 의의 겉옷으로 내게 더하심이 신랑이 사모를 쓰며 신부가 자기 보물로 단장함 같게 하셨음이라 _사 61:10

모든 기독교 신자가 이 영광스러운 사실 즉, 모든 신자는 지금 하나님 보시기에 참으로 의로운 상태에 있으며, 율법의 모든 요구에 부응하는 순종을 실제적으로 소유하고 있는 상태에 있다는 사실을 명확하고 강력하게 파악할 수 있다면 얼마나 좋을까!

이 형언할 수 없는 축복은 하나님의 경이로운 은혜가 베풀어 줄 뿐만 아니라 하나님의 확고부동한 정의가 실제적으로 요구하는 것이다. 이것 역시, 아버지께서 아들과 맺은 언약에 조건으로 명시된 것이며 합의된 것이다. 바로 그런 까닭에 구속자가 지상으로 내려와서 30년 동안 거하셨고 그 후에 십자가에 매달려 우리 죄악의 형벌을 감당하셨다. 구속자는 우리가 져야 할 책임을 떠맡고 이행하셨다. 아이로서, 청년으로서, 인간으로서, 하나님께 드려야 할 완전한 순종을 하나님께 드렸다. 자기 백성을 위해 "모든 의를 이루"셨다(마 3:15). 전혀 죄를 알지 못하는 구속자가 자기 백성을 위해 죄가 되신 것과 정확히 같은 방식으로 그 백성은 "저의 안에서 하나님의 의가" 되었다(고후 5:21). 그러므로 여호와 하나님은 이사야의 입술을 통해 다음과 같이 선언하신다.

> 산들은 떠나며 작은 산들은 옮길지라도 나의 인자는 네게서 떠나지 아니하며 화평케 하는 나의 언약은 옮기지 아니하리라 너를 긍휼히 여기는 여호와의 말이니라 _사 54:10

죄인은 칭의의 믿음으로 실제적으로 믿는 믿음에 의해 그리스도 자신을 영접하고, 그리스도에게로 연합하고, 즉각적으로 하나님의 상속자 즉, 그리스도와 함께 하는 공동상속자가 된다. 이렇게 해서 죄인은 그리스도의 중보사역의 은택에 대해 권리를 갖게 되고 향유하게 된다. 그리스도를 믿는 믿음에 의해 죄 용서를 받을 뿐만 아니라 거룩함을 입은 모든 사람들 사이에서 유업을 받는다(행 26:18). 그리고 (믿음을 가진 죄인에게 주어진) 성령은 "우리 기업의 보증"이 되신다(엡 1:13, 14). 믿음을 가진 죄인은 "나의 의는 여호와 안에 있다"라고 말할 것이다(사 45:24). 믿음을 가진 죄인은 그리스도 안에서 완전하다(골 2:10). 구세주께서 "한 제물로 거룩하게 된 자들을 영원히 온전케 하셨"기 때문이다(히 10:14). 하나님은 사랑하시는 자 안에서 신자를 받아들여 주셨기 때문이다(엡 1:6). 그래서 신자는 거룩한 천사들이 걸친 옷보다 더 탁월한 옷을 입고 하나님의 보좌 앞에 도열한다.

하나님의 영광된 복음은 인간들의 빈궁한 생각 및 계획을 정말 무한하게 초월한다! 그리스도께서 가져다준 저 "영원한 의"(단 9:24)는 무수히 많은 사람들이 자신의 노력에 의해 만들어 내려고 애쓰는 저 초라한 것보다 정말 측량할 수 없이 우월하다! 한낮의 찬란한 태양빛과 가장 어두운 밤의 캄캄함 사이의 차이는, 그리스도께서 자기 백성 하나하나를 위해 만들어낸 "가장 좋은 옷"(눅 15:22)과 열심 많은 종교가들이 자기 의라는 더러운 걸레를 가지고 만들어내려고 시도하는 추잡한 덮개 사이의 차이보다도 훨씬 더 크다. 그리스도께서 받아들여주시는 능력 안에 있는 성도의 현재적이며 불변적인 입지에 관한 하나님의 진리와, 신자의 신실성과 인내를 조건으로 하나님께서 받아주신다고 보는, 아르미니우스주의자들의 무서운 왜곡 사이의 차이도 마찬가지로 엄청나다.

이것은 의롭다함을 받은 영혼은 이제 전적으로 자유해서 어떻게 처신하든 상관없이 분명히 천국에 간다는 의미가 아니다. 그것은 율법폐기론자들의 치명적인 오류이다. 단연코 그렇지 않다. 하나님은 신자들에게 축복된 성령을 주신다. 성령은 신자의 내면에 상주하면서 하나님을 그토록 영화롭게 한 이를 섬기고 기쁘시게 하고 영화롭게 하고픈 열망을 만들어낸다.

> 그리스도의 사랑이 우리를 강권하시는도다……산 자들로 하여금 다시는 저희 자신을 위하여 살지 않고 오직 저희를 대신하여 죽었다가 다시 사신 자를 위하여 살게 하려 함이니라 _고후 5:14, 15

그들은 이제 "속 사람으로는 하나님의 법을 즐거워"한다(롬 7:22). 비록 육과 세상과 마귀가 사사건건 방해하고 때때로 수없이 서글픈 실패를 겪기도 하지만, 그 실패를 회개하고 고백하고 떨쳐버림으로써 성령은 그들을 날마다 새롭게 하고(고후 4:16) 그리스도를 위해 의의 길로 인도한다.

그리스도의 전가된, 오직 믿음에 의해 파지되는 의에 의해 의롭다 함을 받는다는 설교는, 나태와 방종을 부추긴다는 반론에 대한 답변은 바로 앞 문단에서 제시하였다. 하나님께서 의롭다 하시는 자들은 그 본성적 상태에, 죄의 지배하에 방치되지 않는다. 성령 하나님이 그들을 소생케 하고 내주하고 인도하신다. 그리스도를 쪼갤 수 없다. 그래서 그리스도를 우리의 구속자로 영접하는 것은, 그와 동시에 그리스도를 우리를 다스리는 주권자로 영접하는 것이다. 그러므로 하나님께서 의롭다 하신 그들을 그리스도께서 거룩케 하신다. 그러나 우리는 이 복된 진리를 머릿속으로 받아들인 모든 자는 그렇게 하는 것만으로도 삶이 변화를 겪는다고 주장하지 않는다. 정말 그렇다. 오히려 우리의 주장은, 그 복된 진리를 심령에 강력하게 적용하는 경우에는 언제나 하나님의 영광을 지향하는 행함이 나오고, 의의 열매가 자라나 하나님의 이름을 찬양하게 된다는 것이다. 참으로 의롭다 함을 얻는 영혼마다 다음과 같이 노래한다.

> "속된 마음이여 세상을 좇으라.
> 나는 세상에 미련 없노라.
> 나도 한때는 세상에 매였으되
> 은혜가 나를 자유케 하였노라"

그러므로 하나님에 의해 의롭다 함을 받았다고 자처하는 자들이 반드시 이행해야 할 책무는 근면하고 공정하게 자신을 검증하는 것 즉, 항상 칭의에 수반되는 영적 은사들이 자기 안에 있는지 없는지를 확인하는 것이다. 우리는 오직 우리의 성화에 의해서만, 우리의 칭의를 발견할 수 있을 것이다. 그리스도께서 당신을 대신하여 율법을 이행하셨는지 즉, 그리스도의 순종이 당신의 것으로 전가되었는지 아닌지를 당신은 알까? 그렇다면 당신의 마음과 삶을 면밀히 살펴보라. 하나님을 향한 순종의 영이 매일 당신 안에서 역사하고 있는지 아닌지를 확인하라. 율법의 의는 오직 "육신을 좇지 않고 그 영을 좇아 행하는" 자들 안에서만 성취된다(롬8:4). 성자의 순종을 세상적이며 자기만족적이며 육적 탐욕을 만족시키는 삶을 사는 자들에게 전가해주는 것은 결코 하나님의 구상이 아니다. 전혀 그렇지 않다.

> 그런즉 누구든지 그리스도 안에 있으면 새로운 피조물이라 이전 것은 지나갔으니 보라 새것이 되었도다 _고후 5:17

이제, 칭의의 축복된 결과를 요약해보자.

## [1] 신자의 죄악을 용서받는다

> 이 사람을 힘입어 죄 사함을 너희에게 전하는 이것이며 또 모세의 율법으로 너희가 의롭다 하심을 얻지 못하던 모든 일에도 이 사람을 힘입어 믿는 자마다 의롭다 하심을 얻는 이것이라 _행 13:38, 39

신자의 모든 죄악 즉, 과거와 현재와 미래의 모든 죄악을 그리스도께 올려놓았고, 그리스도가 그 모든 죄악을 속량하셨다. 비록 죄악을 실제로 범하기 전에 실제로 용서받을 수는 없지만 율법의 저주를 받아야 할 책무는 십자가에서, 실제로 범법행위를 하기 전에 먼저, 사실상 제거되었다. 신자의 죄악은 이생에서는 하나님의 통치권에만 관련이 되고 진정한 회개와 고백에 입각하여 면죄를 받는다.

## [2] 영원한 영광에 들어갈 양도 불가능한 권한이 부여된다

그리스도는 율법의 복된 상급 즉, 영원한 생명을 자기 백성을 위해 획득하셨다. 그러므로 성령은 "썩지 않고 더럽지 않고 쇠하지 아니하는 기업을 잇게 하시나니 곧 너희를 위하여 하늘에 간직하신 것이라"고 신자에게 장담한다(벧전1:4). 의롭다 함을 받은 모든 자에게 주기 위해 그 유업을 간직하실 뿐만 아니라 그 모든 자가 그 유업에 도달하도록 보존해주신다. 그래서 바로 다음 구절에서 다음과 같이 선언한다.

> 너희가 말세에 나타내기로 예비하신 구원을 얻기 위하여 믿음으로 말미암아 하나님의 능력으로 보호하심을 입었나니 _벧전1:5

이 구절에 따르면 성령은 신자가 용서받지 못할 죄를 짓지 않도록, 진리를 거슬러 배교하지 않도록, 사탄에 의해 치명적으로 기만당하지 않도록 "보호"해주신다. 신자가 그리스도 예수 안에 있는 하나님의 사랑으로부터 떨어져나가도록 만드는 모든 것을 하나님의 능력이 막아주는 "보호"이다(롬 8:35~38).

### [3] 하나님 자신과 화목케 됨

> 그러므로 우리가 믿음으로 의롭다 하심을 얻었은즉 우리 주 예수 그리스도로 말미암아 하나님으로 더불어 화평을 누리자, 곧 우리가 원수 되었을 때에 그 아들의 죽으심으로 말미암아 하나님으로 더불어 화목되었은즉 _**롬 5:1, 10**

사람은 의롭다 함을 얻을 때까지는 하나님과 전쟁을 벌인다. 하나님은 사람을 적대시하고, "매일 악인에게 분노하"신다(시 7:11). 정죄를 받은 이들의 상태는 형언할 수 없이 무시무시하다. 사람의 생각은 하나님께 적대적이다(롬 8:7). 사람의 행실은 하나님을 반대한다(골 1:21). 그러나 회심할 때 죄인은 반역의 병장기를 내던지고, 그리스도의 의로운 주장에 굴복한다. 그리고 그리스도에 의해 하나님과 화목하게 된다. 화목은 갈등을 종식시키는 것, 불화하는 양쪽을 하나로 묶는 것, 원수들을 친구로 바꾸는 것이다. 의롭다 함을 얻는 자들과, 하나님 사이에 평화 즉, 그리스도의 피가 만들어낸 평화가 존재한다.

## [4] 하나님의 은총을 받는 요지부동의 입지

그러므로 우리가 믿음으로 의롭다 하심을 얻었은즉 우리 주 예수 그리스도로 말미암아 하나님으로 더불어 화평을 누리자 또한 그로 말미암아 우리가 믿음으로 서 있는 이 은혜에 들어감을 얻었으며 _롬 5:1, 2

"또한"이라는 부사에 주목하라. 그리스도께서는 하나님의 진노를 우리에게서 멀리 치워버리셨을 뿐만 아니라 우리를 향한 하나님의 풍성한 자애를 확보해주셨다. 칭의를 받기 전에 우리의 입지는 전혀 흔들림 없이 능욕을 받는 자리였다. 그러나 이제 우리는 그리스도를 통해 찬란한 은혜의 자리에 있다. 이제 하나님은 우리를 향해 오로지 선한 뜻을 품으실 뿐이다. 우리를 향한 분노를 중단하셨을 뿐만 아니라 우리를 몹시 즐거워하신다. 우리에게 형벌을 가하기를 원치 않으실 뿐만 아니라 결코 중단 없이 우리에게 축복을 부어주기를 원하신다. 우리가 거리낌 없이 나아가는 보좌는 심판의 보좌가 아니라 순수하고 변함없는 은혜의 보좌이다.

## [5] 온 우주 앞에서 하나님에 의해 직접 인정받는다

내가 너희에게 이르노니 사람이 무슨 무익한 말을 하든지 심판 날에 이에 대하여 심문을 받으리니 네 말로 의롭다 함을 받고 _마 12:36, 37

그렇다. 심판자에 의해 직접 공개적으로 의롭다 함을 받는다.

저희는 영벌에, 의인들은 영생에 들어가리라 하시니라 _마 25:46

신자의 최종적 칭의가 여기에서 이뤄질 것이다. 이 판결은 하나님의 영광과, 믿음을 가진 자들의 영원한 축복을 선언하는 판결이다.

결론적으로 말하자면, 신자의 칭의는 그리스도를 진실로 믿는 그 순간에 완성된다. 그러므로 칭의에는 정도 차이가 없다. 사도 바울은 회심한 그 순간이나 인생을 마칠 때나 동일하게 의롭다 함을 얻은 사람이었다. 그리스도 안에 있는 가장 연약한 아기는 가장 성숙한 성도만큼 완벽하게 의롭다함을 얻은 사람이다. 다음과 같은 구별점에 주목하자. 신자는 영원 전부터 작정적으로, 그리스도께서 부활하셨을 때에는 유효적으로, 신자가 믿을 때에는 실제적으로, 성령께서 즐거운 확신을 부어주실 때에는 지각적으로, 신자가 순종의 길을 갈 때에는 명백하게, 심판의 날에는 최종적으로 의롭다 하심을 얻는다. 심판의 날에 모든 피조물 앞에서 신자들이 의롭다고 간명하게 선언하실 것이다.

以信稱儀